Albert Scharenberg

Martin Luther King

Albert Scharenberg

Martin Luther King

Ein biografisches Porträt

HERDER

FREIBURG · BASEL · WIEN

MIX
Papier aus verantwortungsvollen Quellen
FSC® C017859
www.fsc.org

Originalausgabe

www.herder.de

Satz: Layoutsatz Kendlinger, Freiburg
Herstellung: CPI Moravia Books, Pohorelice

Printed in Czech Republic

ISBN 978-3-451-06239-1

Inhalt

Kapitel 1

Im Gefängnis

Die Zelle ähnelt einem Käfig. An der Vorderseite, zum Gang hin, ist sie durch eine große, durchgehende Gittertür verriegelt, wie man sie auch für Raubtierkäfige verwendet. Innen steht auf der linken Seite eine Metallpritsche; sie passt der Länge nach genau in die winzige Zelle. Ansonsten gibt es nur ein Metallklo, das rechts an der Hinterwand angebracht ist, sowie ein kleines Handwaschbecken und einen Spiegel, die ebenfalls beide aus Metall und ungefähr in der Mitte der Rückwand, zwischen Klo und Pritsche, übereinander befestigt sind. Schräg über dem Spiegel befindet sich eine Art Gitterfenster, das aber kaum Tageslicht durchlässt.

Als der Gefangene in dieser gerade einmal fünf Quadratmeter kleinen Zelle aufwacht, zittert er vor Kälte, und ihn schmerzen die Knochen. Denn die Gefängnisleitung hat ihm nicht nur eine Matratze, sondern auch noch eine Decke verweigert, und so ist er genötigt, auf dem kalten Metall der Pritsche, inmitten des kühlen Betons des neuen Gefängnistraktes zu schlafen.

Die muffige Zelle ist sehr dunkel. Es mag dem Insassen auch deshalb besonders düster vorkommen, weil er seine nur zwei Wochen zuvor geborene Tochter Bernice Albertine erst ein Mal, unmittelbar nach ihrer Geburt, gesehen hat. Jedenfalls ist es zum Zeitpunkt seines Erwachens vermutlich noch zu dunkel, um irgendetwas in dem Metallspiegel zu erkennen. Sonst würde ihm ein Blick auf sein gegen alle Gewohnheit unrasiertes Gesicht verraten, dass er bereits seit Tagen im Gefängnis sitzt.

Genauer gesagt sind drei Tage vergangen, seit die Polizei der Stadt Birmingham im US-Bundesstaat Alabama Martin Luther King eingesperrt hatte. Er war bei einem gewaltfreien Protestmarsch verhaftet worden, am Karfreitag des Jahres 1963. Ausgerechnet am Karfreitag – beziehungsweise, wie King in Anlehnung an seinen Namenspatron Martin Luther sagt, am *Good Friday*, dem „guten Freitag", an dem er als Christ jedes Jahr des Kreuztodes Jesu von Nazareth gedenkt. An diesem Tag hatte die Polizei Birminghams erneut die kurz zuvor durch eine einstweilige Verfügung untersagten Demonstrationen der Afroamerikaner gestoppt, die sich friedlich für ein Ende der gesetzlichen Rassentrennung einsetzen und deren wichtigster Anführer King ist.

Bei Kings Verhaftung waren die Polizisten nicht eben zimperlich vorgegangen. Sie packten ihn hinten, am Gürtel seiner Hose, und verbrachten ihn gemeinsam mit seinem engsten Vertrauten Ralph Abernathy, wie King ein baptistischer Pastor, und 45 weiteren Demonstranten in den bereitstehenden Gefangenentransporter. Anschließend fuhr man die Inhaftierten ins Stadtgefängnis, das direkt neben der großen Polizeistation gelegene, berüchtigte Birmingham City Jail, wo sie um kurz vor sechs Uhr abends eingewiesen wurden.

Die Gefangenen wurden in die große Ausnüchterungszelle gesperrt. Da auch die Protestdemonstrationen bereits seit einigen Tagen andauerten, waren sie dort nicht die ersten Gefangenen. King aber, wie auch Abernathy, hatte die Gefängnisleitung gleich bei seiner Ankunft aussortiert und in eine Einzelzelle gesteckt. Anfangs isolierte man ihn sogar vollständig; Kontakt zu seinen Anwälten wurde ebenso wenig gestattet wie ein Anruf bei seiner Frau.

12. April 1963: Fred L. Shuttlesworth, Ralph Abernathy und Martin Luther King führen den Karfreitags-Protestmarsch in Birmingham

Aber auch als die vollständige Isolation nach 24 Stunden aufgehoben wurde und seine Anwälte Orzell Billingsley und Arthur Shores King im Gefängnis besuchen durften, besserte sich seine Stimmung nicht. Denn sie brachten keine guten Neuigkeiten. Weder mit Blick auf den aktuellen Zustand der Bürgerrechtsbewegung in Birmingham noch hinsichtlich des übergeordneten Problems akuten Geldmangels gab es Positives zu berichten. Das aber sind Martin Luther Kings aktuell größte Sorgen: dass die Proteste, die erst seit anderthalb Wochen andauern, nicht recht in Gang kommen wollen beziehungsweise jetzt, während seiner Inhaftierung, zu stagnieren drohen, und dass es nicht genügend Geld gibt, um die Kaution für diejenigen zu hinterlegen, die sich im Vertrauen auf die Bewegung bereitwillig haben verhaften lassen.

„Das waren", schrieb King später, „die längsten, frustrierendsten und verwirrendsten Stunden, die ich je erlebt habe. Ohne jedweden Kontakt zur Außenwelt war ich von Sorgen überhäuft. Wie ging es der Bewegung? Woher würden Fred [Shuttlesworth, der Kopf der Bewegung vor Ort] und die anderen Anführer das Geld bekommen, um unsere Demonstranten freizubekommen?"

Hinter diesen unmittelbaren Sorgen steht ein noch grundsätzlicheres Dilemma, mit dem sich King seit einiger Zeit konfrontiert sieht: Nach dem Auftakterfolg im benachbarten Montgomery – wo es 1955/56 gelungen war, durch einen mehr als ein Jahr andauernden Boykott die Rassentrennung in den städtischen Bussen zu beenden – waren die großen Erfolge für die Bürgerrechtsbewegung weitgehend ausgeblieben. Gerade die institutionalisierte Politik hatte sich Veränderungen immer wieder und auf allen Ebenen erfolgreich wiedersetzt, unter Eisenhower wie unter Kennedy. Im amerikanischen Süden gilt noch immer die *white supremacy*, die rassistisch legitimierte weiße Vorherrschaft – neun Jahre nach der historischen Entscheidung des Obersten Gerichtshofs der Vereinigten Staaten, der diese Ordnung für illegal erklärte, sechs Jahre nach dem Erfolg in Montgomery, zweieinhalb Jahre nach der Wahl Präsident Kennedys. Von dieser faktischen Stagnation konnte auch das Ansehen der Person nicht unberührt bleiben, die damals, in Montgomery, als junger charismatischer Pastor der Dexter Avenue Baptist Church zu internationalem Ruhm gelangt war: Dr. Martin Luther King.

Und in der Tat: Kings Reputation ist angekratzt. Im Jahr zuvor hatten er und die von ihm geführte Dachorganisation der Bewegung, die *Southern Christian Leadership Confe-*

rence (SCLC), bei ihrer Kampagne gegen die Rassentrennung in Albany im benachbarten Bundesstaat Georgia eine Niederlage erlitten. Insbesondere den jüngeren Aktivisten der Bewegung, den Studenten, die seit Gründung des *Student Nonviolent Coordinating Committee* (SNCC) zu Aktionen zivilen Ungehorsams übergegangen waren, gilt er, das damalige Vorbild, zunehmend als ein Mann aus den 1950er Jahren, als zu vorsichtig, zu sehr in der traditionellen Zurückhaltung der schwarzen Kirche befangen. Auf Grund seiner Art, in biblischen Metaphern zu sprechen, und weil er sich auch selbst in die prophetische Tradition stellt, nennen manche ihn bereits spöttisch *De Lawd,* Christus.

Insofern geht es bei den Protesten in Birmingham für Martin Luther King um alles oder nichts. Der Ausgang der Kampagne wird auch über sein Schicksal als Anführer der Bewegung entscheiden.

In dieser Situation sitzt King nun bereits seit Tagen in der Gefängniszelle und ist zur Untätigkeit verdammt. Der Druck, unter dem er steht, ist ungeheuerlich. „Man kann die Bedeutung vollständiger Finsternis nicht verstehen, wenn man nicht in einem solchen Kerker gesessen hat", wird er später über seine Inhaftierung schreiben. Die Finsternis, die seine dunkle Zelle ausstrahlt, verstärkt noch die düstere Stimmung, die sich angesichts seiner großen Sorgen in ihm breitmacht.

Dabei ist der Umstand, dass King sich im Gefängnis befindet, keineswegs ungewöhnlich. Er sitzt bereits zum dreizehnten Mal ein – irgendein Anlass, ihn einzusperren, hatte sich immer wieder gefunden. Mal war es die Teilnahme an einer Demonstration oder an einem Sit-in, mal ein geringfügiges Verkehrsvergehen, mal angebliches „Herumlungern" oder irgendeine x-beliebige Ordnungswidrigkeit. Derartige Anlässe sollen sich auch in Zukunft immer wieder finden lassen, wenn lokale Autoritäten des Regimes ihn im Gefängnis sehen wollen. In den nächsten fünf Jahren wird King noch anderthalb Dutzend weitere Male im Gefängnis landen.

Dies vor allem deshalb, weil Polizei und Strafjustiz im amerikanischen Süden, und insbesondere in Birmingham, meilenweit von jedweder Rechtsstaatlichkeit entfernt sind. Sie agieren vielmehr als bewaffnete Wächter der „amerikanischen Apartheid". Dies aber bedeutet, dass Afroamerikaner nicht einfach zur Polizei gehen und Anzeige erstatten können. Denn eine solche Möglichkeit existiert im amerikanischen Süden nicht. Die Region ist berüchtigt dafür, Schwarze selbst für geringfügigste Vergehen jahrelang in Arbeitslager zu stecken. Kurz: Die Betroffenen sind der staatlichen Gewalt schutzlos ausgeliefert.

Dies gilt nirgendwo mehr als im Gefängnis. In Polizeigewahrsam zu sein, als Schwarzer im Süden Amerikas, bedeutet höchste Gefahr für Leib und Leben. Hier, im Stadtgefängnis von Birmingham, nützt King seine internationale Prominenz wenig. Hier ist der Rassismus in den Reihen von Polizei und Gefängnisaufsicht so ausgeprägt, dass man auf nichts vertrauen kann. In der internen Diskussionsrunde am Karfreitag, vor seiner Inhaftierung, hatte ihn deshalb sein eigener Vater, „Daddy King", einmal mehr eindringlich gewarnt, dass er seine Inhaftierung möglicherweise mit dem Leben bezahlen werde.

Und in der Tat: Martin Luther King lebt schon sieben lange Jahre im Schatten des Todes, und dieser Schatten wird nie mehr von seiner Seite weichen.

Angefangen hatte der Albtraum unmittelbar nachdem er, der neue Pastor im Ort, zum Anführer des Busboykotts in Montgomery gewählt worden war. Seit seinen ersten Schritten als Person des öffentlichen Lebens, zu der er rasch aufstieg, gab es unzählige Todesdrohungen und mehrere Anschläge auf sein Leben. „Fast jeden Tag warnte mich jemand", schrieb King, „dass er gehört habe, wie weiße Männer Pläne schmiedeten, mich loszuwerden."

Erstmalig hatte King befürchtet, ermordet zu werden, als er am 26. Januar 1956 – der Busboykott war erst wenige Wochen alt – von der Polizei verhaftet wurde. Als der Polizeiwagen, auf dessen Rückbank man ihn verfrachtet hatte, aus der Stadt Montgomery herausfuhr, stieg Panik in ihm auf. Weil er selbst ein Kind des Südens war und die ungesetzlichen Praktiken der Polizei kannte, musste er unwillkürlich an die vielen Schwarzen denken, die auf diese Weise aus dem Weg geräumt worden waren: indem man aus der Stadt herausfuhr, irgendwo anhielt und die Opfer dann umbrachte. Sollte ihm, der er gerade 26 Jahre alt geworden war, dasselbe Schicksal bevorstehen? Es muss eine grauenhaft lange Fahrt gewesen sein. Schließlich hielt das Auto an. Aber statt ihn zu ermorden und in den nächstbesten Graben zu werfen, zerrte man ihn aus dem Auto und brachte ihn ins Stadtgefängnis – er hatte nicht gewusst, dass dieses sich außerhalb Montgomerys befand.

Nur vier Tage später, am 30. Januar 1956, war die Gefahr dann überaus real. Martin Luther King hatte gerade seine Predigt in Abernathys First Baptist Church beendet, die den fast ausschließlich schwarzen Aktivisten des Busboykotts Mut zusprechen sollte, ihren Kampf gegen die Rassentrennung fortzusetzen. Da erreichte ihn die Nachricht, dass ein

Bombenanschlag auf sein Haus verübt worden sei. Er wusste, dass seine Frau und seine zwei Monate alte Tochter Yolanda sich zu Hause aufhielten. Rasch eilte King zu seinem Haus in der South Jackson Street und rannte durch die Tür. Voller Erleichterung und Dankbarkeit sah er, dass seine Frau und Tochter trotz der erheblichen Schäden im Haus unversehrt waren. „Es ist besser, ein lebender Hund zu sein, als ein toter Löwe", hatte sein besorgter Vater ihn nach dem Bombenanschlag in einem stundenlangen Gespräch zur Übersiedelung nach Atlanta überreden wollen. Vergeblich, denn King war nicht bereit zur Kapitulation vor der Gewalt. Während des Busboykotts sollte er noch mehrmals zur Zielscheibe rassistischer Gewalt werden.

Dann war da das Attentat, dem er tatsächlich um ein Haar zum Opfer gefallen wäre, im September 1958 in Harlem. Während einer Veranstaltung, auf der er sein Buch „Stride toward Freedom" signierte, das die Geschichte des Busboykotts darlegte, stürzte sich eine geistig verwirrte Frau mit einem rasierklingenscharfen Brieföffner in der Hand auf ihn und stach zu. Schwer in der Brust getroffen, sank King auf einen Stuhl. Eilig brachte man ihn ins Krankenhaus, wo er drei Stunden lang operiert wurde. Wie viel Glück er gehabt hatte, erfuhr King erst später. Das kalte Metall hatte ihn nämlich so nah an der Aorta getroffen, dass, wie ihm der behandelnde Arzt später erklärte, bereits ein gewöhnliches Niesen seinen Tod zur Folge gehabt hätte.

Ein weiteres Mal war er krank vor Sorge, als ihn Alabamas rassistische Justiz wegen des banalen Umstands, dass er seinen Führerschein nicht auf seine neue Adresse umgemeldet hatte, vor Gericht zerrte. Zwar erhielt er „nur" eine geringe Geldstrafe und eine Bewährungsstrafe von einem Jahr. Nach einer weiteren Verhaftung während einer Protestaktion in Atlanta wurde er jedoch zu vier Monaten Zwangsarbeit in einer *chain gang* verurteilt, in der Strafgefangene aneinandergekettet arbeiten müssen. Im Anschluss an das Urteil verlegte man ihn des Nachts in Handschellen und Fußfesseln ins Hochsicherheitsgefängnis Reidsville State. Dort saß er voll Todesangst acht Tage lang in Einzelhaft.

Damals, mitten im Wahlkampf, hatte ihm John F. Kennedy noch geholfen. Nicht, dass es seine eigene Idee gewesen wäre; Kennedy hatte nicht einmal die Bürgerrechtsplattform seiner Partei gelesen. Aber immerhin: Nachdem seine Frau Coretta, voll der Angst um ihren Mann, sich an Harris Wofford, einen alten Freund Kings und Berater Kennedys in Bürgerrechtsfragen, gewandt hatte, rief der Kandidat persönlich bei ihr an und versicherte ihr sein Mitgefühl. Hinter den Kulissen bewirkte Johns Bruder Robert Kennedy anschließend gar Kings Freilassung auf Kaution.

Dies blieb indes nur eine Wahlkampf-Episode. Denn die Kennedys sehen King nicht als Verbündeten; nicht einmal zur Inaugurationsfeier des Präsidenten hatten sie ihn eingeladen. Schon bald – nur wenige Monate nach seiner größten Rede am 28. August 1963 in Washington, als er mit seiner Vision eines „Traums" von einem Land ohne Rassismus und Armut die ganze Welt berührt – wird King, mit ausdrücklicher Genehmigung von Justizminister Robert Kennedy, sogar von der Bundespolizei FBI überwacht werden.

Bereits zum Zeitpunkt von Kings Inhaftierung im Stadtgefängnis von Birmingham hört das FBI heimlich die Telefongespräche einiger seiner engsten Mitarbeiter unter dem Vorwand ab, es handle sich um Kommunisten. Und erst wenige Wochen zuvor hat die Behörde, deren Chef J. Edgar Hoover

King notorisch hasst, den Beschluss gefasst, King nicht länger über Morddrohungen gegen seine Person in Kenntnis zu setzen. Bald wird sein Name gar auf der geheimen Liste der Personen auftauchen, die im Falle eines nationalen Notstands zu internieren seien.

1964 schließlich wird das FBI King zu Weihnachten ein anonymes Paket schicken, das ihm persönliche Verfehlungen vorhält und ihn unverblümt zum Selbstmord auffordert. Dieser Brief ist auf perfide Art und Weise wohlberechnet. Denn bereits früher war King angesichts der zahllosen Morddrohungen gegen ihn immer wieder „zu Tode erschreckt" und beklagte den „paralysierenden Effekt", der von dieser Angst ausging. „Ich muss mich der Tatsache stellen, wie es alle anderen Personen in Führungspositionen tun müssen, dass [...] mir jederzeit etwas zustoßen könnte", sagt er später. „Ich rechne nicht damit, diese Revolution zu überleben." Als er nur ein paar Monate nach seiner Inhaftierung im Stadtgefängnis von Birmingham zu Hause im Fernseher die Ermordung von Präsident Kennedy sieht, wird er zu seiner Frau Coretta sagen: „Ich sage dir, das wird mir ebenfalls passieren."

Und so kommt es denn auch – fast auf den Tag genau fünf Jahre nach seinem Gefängnisaufenthalt in Birmingham. Das Gefühl der permanenten Gefahr für Leib und Leben hat inzwischen so tiefe Furchen in Kings Seele geschlagen, dass er sich nur noch in fensterlosen Räumen entspannen kann. King hält sich in Memphis/Tennessee auf, um dort einen Streik schwarzer Müllmänner zu unterstützen. Wie so oft, wenn er in Memphis absteigt, übernachtet er im Lorraine Motel. Und dort, auf dem Balkon seines Hotelzimmers, fällt er schließlich einem Attentat zum Opfer. Gerade noch hat er mit Ben Branch, dem Chauffeur und Jazzmusiker, geplaudert, als ein

Schuss ertönt. Die Kugel trifft ihn in die rechte Wange, zertrümmert seinen Kiefer und bohrt sich ins Rückenmark, bevor sie schließlich in der Schulter stecken bleibt. Tödlich getroffen sinkt Martin Luther King am frühen Abend des 4. April 1968 auf dem Balkon des Lorraine Motels in Memphis zu Boden. Er stirbt noch vor Ort.

Die dubiosen Hintergründe des Mordes werden nie aufgeklärt.

Kapitel 2

Dialog mit Gott

Martin Luther King betet im Stadtgefängnis von Birmingham viel – schließlich endet, wie er selbst sagt, „Gottes Gesellschaft nicht an der Tür einer Gefängniszelle". Überhaupt wendet er sich oft mit Gebeten an Gott. Denn im Unterschied zu manch anderem Geistlichen, der zwar Gottes Wort predigt, aber selbst nicht daran glaubt, ist King ein tief religiöser Mann.

Sein unerschütterlicher Glaube geht auf ein Erlebnis zurück, das er als Gottesbegegnung deutete. Es geschah damals in Montgomery, in der Nacht, die auf seine erste Freilassung aus dem Gefängnis folgte. King konnte nicht schlafen, zu viele Dinge gingen ihm angesichts des noch jungen Busboykotts durch den Kopf, als kurz nach Mitternacht das Telefon klingelte. „Pass auf, Nigger", sagte eine zornige Stimme, „wir haben dich lange genug ertragen müssen. Noch in dieser Woche wirst du es bereuen, dass du nach Montgomery gekommen bist."

Obgleich er jeden Tag derartige Drohanrufe bekam, traf ihn diese Warnung ins Mark. Der ganze Druck, unter dem er als Anführer des Busboykotts stand, brach plötzlich über ihm zusammen. King ging in die Küche, um sich bei einem Kaffee und einer Zigarette zu entspannen. Dort, in der Küche, über den Kaffee gebeugt, die Fingerknöchel an die Schläfe gepresst, begann er laut zu beten. Er erklärte, dass er die ganze Zeit versucht habe, das Richtige zu tun, und dass er nun, von Angst zermürbt, schwach sei, seinen Mut verloren habe und nicht mehr weiterwisse. Was sollte er nur tun? „Ich bin an einem Punkt angelangt, an dem ich es alleine nicht mehr schaffe."

Plötzlich fühlte er, wie Anspannung und Verzweiflung sich auflösten und eine innere Stimme zu ihm sprach: „Tritt ein für Rechtschaffenheit. Tritt ein für Gerechtigkeit. Tritt ein für die Wahrheit. Und ich werde mit dir sein bis zum Ende der Welt." Diese Begegnung erfüllte ihn mit einer Kraft, die er nie mehr vergessen sollte und die ihm half, die Anspannung permanenter Lebensgefahr über all die Jahre durchzustehen.

Mit dieser, wie King sie nannte, „Vision in der Küche" wurde Gott zum ersten Mal real und persönlich für ihn. Zuvor war der junge Martin zeitweise, während seiner Zeit am College, nicht einmal mehr zur Kirche gegangen, was auch ein Protest gegen seinen autoritären Vater gewesen sein mag, der ihn selbst mit fünfzehn Jahren noch körperlich züchtigte, wenn er gegen dessen Regeln verstieß. Schließlich entschloss er sich dennoch dazu, in dessen Fußstapfen zu treten und Pastor zu werden.

Der Grund hierfür ist vor allem darin zu finden, dass Martin Luther King ein Kind der Kirche war. „Natürlich war ich religiös", sagte er. „Ich bin in der Kirche aufgewachsen. Mein Vater ist Pastor, mein Großvater war Pastor, mein Urgroßvater war Pastor, mein einziger Bruder ist Pastor, der Bruder meines Vaters ist Pastor. Ich hatte also kaum eine Wahl."

Allerdings war King ein Kind der *schwarzen* Kirche und damit zugleich der wichtigsten Institution des afrikanischen Amerika. Sie unterschied sich durchaus von den weißen Kirchengemeinden, war ihre Geschichte doch, über die trennenden Grenzen der unterschiedlichen Glaubensrichtungen hinweg, seit ihren Anfängen geprägt vom Kampf gegen die Entmenschlichung und Unterdrückung der Schwarzen. In diesem Sinne standen sich etwa schwarze Baptisten und Methodisten weitaus näher als schwarze und weiße Baptisten.

Zwei widerstreitende Elemente kennzeichneten dabei die schwarze christliche Religion. Da war zum einen – gerade zur Zeit der Sklaverei – die Hoffnung auf ein Jenseits, das besser sein sollte als die hässliche Gegenwart mit ihren Peitschen, Vergewaltigungen, dem jederzeit möglichen Verkauf selbst der engsten Familienangehörigen. Zum anderen besaß angesichts dieser schreienden irdischen Ungerechtigkeit das auf Veränderung gerichtete Wirken im Diesseits eine besondere Bedeutung.

Ironischerweise lagen die Wurzeln des schwarzen Christentums in einem nüchternen Kalkül der Sklavenhalter. Die Nachkommen der ersten Afrikaner, die 1619 als Prise auf dem Freibeuterschiff *White Lion* in Jamestown in der englischen Kolonie Virginia anlandeten, waren nämlich von jenen, die ihre Körper zu persönlichem Eigentum erklärten, oft regelrecht dazu angehalten worden, das Christentum als ihre Religion anzunehmen. Der Grund hierfür lag in den Passagen der Bibel, welche die Sklaverei als gottgegeben rechtfertigen. Einen zentralen Stellenwert besaß hierbei die biblische Geschichte vom „Fluch über Kanaan“: Denn der Sohn Noahs und seine Nachkommen (den Sklavenhaltern zufolge die Schwarzen) wurden vom Vater zu ewiger Knechtschaft verurteilt: „Fluch über Kanaan! Er wird seinen Brüdern dienen als der letzte ihrer Knechte.“ (Genesis 9,25)

Die Hoffnung der Sklavenhalter war, dass die Sklaven durch die Annahme der Religion, die ihre Unterjochung derart legitimierte, fügsamer werden würden. Dieser Ursprung hat immer wieder scharfe Kritik nicht nur an der instrumentellen Bibelauslegung der Sklavenhalter, sondern auch an der Folgsamkeit der schwarzen Gläubigen ausgelöst. Malcolm X beispielsweise, Kings berühmtester, zum Islam konvertierter Gegenspieler, bezeichnete das Christentum aus diesem Grund unumwunden als „Sklavenreligion".

Hinzu kam der starke Bezug aufs Jenseits. Um der Unfreiheit ihres Daseins zu entfliehen und die tägliche Last der eigenen Existenz zu lindern, vertrauten viele Sklaven ganz auf das Reich Gottes, das nach dem Tod auf sie warten würde. Zur Zeit der Sklaverei war dies geradezu eine Überlebensstrategie. Nichts bezeugt dies besser als die religiösen Spirituals und Gospels.

Was während der Sklaverei notwendig schien, verselbstständigte sich jedoch nach deren Abschaffung. Auf dem Humus der Hoffnung aufs Jenseits gedieh ein Konservatismus, der sich jedweder Einmischung in die Politik so weit wie möglich enthielt.

Dieser primär aufs Jenseits vertrauenden Strömung stand eine andere, radikalere Interpretation des Christentums gegenüber. Die Anhänger dieser „Befreiungstheologie" wollten sich nicht mit der Sklaverei abfinden, sondern das Reich Gottes, die Gleichberechtigung seiner Kinder, bereits auf Erden verwirklicht sehen. Zu dieser Tradition zählte beispielsweise Harriet Tubman, die über die sogenannte *Underground Railroad* vor dem Bürgerkrieg Hunderte Sklaven aus dem Süden in den Norden und damit in die Freiheit schmuggelte. Zu ihr zählten die christlichen Prediger, welche die Aufstände anführten, mit denen sich die Sklaven gegen ihre Entmenschlichung auflehnten: Gabriel Prosser, Denmark Vessey, Nat Turner und andere. Und zu ihr zählten die unzähligen Sklaven, die sich der Ideologie und Praxis des weißen Rassismus auf unterschiedlichste Art und Weise widersetzten: durch Flucht, Sabotage, Arbeitsverweigerung, Gift.

In diese Tradition der gegen die Unterdrückung kämpfenden schwarzen Kirche stellte sich auch Martin Luther King. Er vertrat eine befreiungstheologische Interpretation der christlichen Religion, die im Christentum ein geradezu revolutionäres Potenzial sah. Ausgangspunkt war die Gleichheit aller Menschen vor Gott: „Sein Glaube verlieh King den Willen, sich mit nichts weniger zufriedenzugeben als mit der vollständigen Gleichheit für die Schwarzen und die Armen." Diese tief in der Tradition der schwarzen Kirche verankerte Überzeugung stand im Zentrum seines religiösen und politischen Aktivismus. Dementsprechend nutzte er die Kanzel als Podium des Kampfes für Gerechtigkeit und wandte sich immer wieder gegen religiösen Eskapismus, der Gerechtigkeit und Gleichheit auf die Zeit nach dem Tod vertagte.

Aus diesem Grund vertiefte King sich in die Tradition der Propheten. Gerade weil diese gepredigt hatten, dass die Gesellschaft von ihren Übeln befreit werden müsse, betrachtete er sie als wichtigsten Teil des Alten Testaments. Denn nach seiner befreiungstheologischen Auffassung durfte Religion niemals dazu dienen, den Status quo zu rechtfertigen; sie war vielmehr das Medium der Veränderung, ja der Revolte – eine Interpretation, die schließlich die Grundlage für das Engagement der Bürgerrechtsbewegung bildete: „Die Bürgerrechtsbewegung galt deshalb nicht als etwas von der Kirche Getrenntes; sie *war* vielmehr die Kirche, die ihre Gefolgschaft auslebte gegenüber Jesu Aufforderung, ‚den Armen gute Nachrichten zu bringen', ‚den Gefangenen die Entlassung zu verkünden' und ‚die Unterdrückten in Freiheit zu setzen'." (Lukas 4,18)

Insbesondere die Bedeutung, die Martin Luther King dem Kreuz beimaß, legt Zeugnis ab von seiner tiefen Verankerung in der schwarzen Religion. Denn das Kreuz repräsentierte für ihn nicht nur das Versprechen auf Erlösung, es enthielt zugleich eine Aufforderung zum Handeln: „Jesus Christus gab sein Leben für die Erlösung der Welt", sagte er, „und als seine Gefolgsleute sind wir aufgerufen, unser Leben zu geben, um Jesu Werk der Versöhnung in *dieser* Welt fortzusetzen." Und: „Das Kreuz ist etwas, das man tragen muss und an dem man schlussendlich stirbt." Deshalb ist das Leiden – nicht das abstrakte, sondern das konkrete Leiden der Schwarzen – der Weg zur Erlösung. Alle Christen müssten „wie Jesus bereit sein, für die Sache der Freiheit zu leiden".

Das Kreuz Jesu war zugleich die Quelle seines uneingeschränkten Bekenntnisses zur Gewaltlosigkeit. Zwar rechtfertigte King diese gelegentlich auch mit anderen, eher taktischen Argumenten wie etwa dem, dass ein bewaffneter Aufstand der Afroamerikaner ohnehin zum Scheitern verurteilt sei. Dies lag aber vor allem daran, dass die meisten der in der Bewegung engagierten Schwarzen (einschließlich manche seiner engen Mitarbeiter) Gewaltlosigkeit nur auf Grund taktischer Erwägungen akzeptierten. Für King jedoch, der lange ähnlich gedacht hatte, wurde die Gewaltlosigkeit nach seiner „Vision in der Küche" allmählich zur Lebensphilosophie. Die Überzeugung, dass die Unterdrückten nur moralisch gerechtfertigte Mittel nutzen dürften, um ihre Ziele zu erreichen, resultierte aus seinem Glauben an einen Gott der Gerechtigkeit, der Liebe und der Hoffnung. Denn Gewalt, so King, folge aus Hass, und dieser stehe im Widerspruch zur Liebe Gottes.

Es war dieser Einsatz für Gewaltlosigkeit, der schlagartig Kings Ruhm begründete, als er im Januar 1956, unmittelbar nach dem Bombenanschlag auf sein Haus, die wütende Menge davon abhielt, zur gewaltsamen Tat zu schreiten. „Wer das Schwert ergreift, soll durch das Schwert umkommen. Ich möchte, dass ihr eure Feinde liebt. Seid gut zu ihnen. Liebt sie und lasst sie wissen, dass ihr sie liebt." Einer der weißen Polizisten, die sich massiv bedroht gefühlt hatten, sagte später: „Ohne diesen Nigger-Prediger wären wir alle tot."

Die Philosophie der Gewaltlosigkeit und der „Feindesliebe" sollte sich als maßgeblich für Kings Popularität auch unter Weißen erweisen. Selbst die Tatsache, dass seine Hoffnung, Gewaltlosigkeit und Feindesliebe könnten das Herz der Weißen im Süden erweichen und diese zur Abkehr von der rassistischen Ideologie und Praxis veranlassen, zur Zeit seiner Inhaftierung im Stadtgefängnis von Birmingham bereits schwer erschüttert war, bewegte ihn nicht zur Abwendung vom Prinzip der Gewaltlosigkeit.

Es gab allerdings noch weitere Faktoren seiner großen Anziehungskraft auch für weiße Amerikaner, die King bewusst mit ansprach, weil seine Strategie – genau wie diejenige der frühen Kämpfer gegen die Sklaverei, der Abolitionisten des 19. Jahrhunderts – auf ihre Unterstützung setzte.

Bereits in seinem Studium hatte King sich intensiv mit prominenten weißen Theologen befasst. In seiner Zeit am Morehouse College und dann insbesondere im Crozer Theological Seminary in Chester bei Philadelphia studierte er beispielsweise Walter Rauschenbach, einen zum Baptismus konvertierten Lutheraner. Dieser Anhänger der christlichen Sozialethik verband evangelikalen Pietismus mit kapitalismuskritischer und sozialreformerischer Leidenschaft und forderte die Christenheit auf, sich ebenso mit Slums wie mit Seelen zu befassen. Großen Einfluss auf King übte darüber hinaus Reinhold Niebuhr aus, dessen Werk ihn gerade dadurch beeindruckte, dass er nicht einfach das Gute im Menschen, sondern auch dessen Potenzial für das Böse in Augenschein nahm, das er im menschlichen Hang zum Eigennutz begründet sah. Dieser Ansatz bot auch eine Erklärung für die Rassentrennung, zumal Niebuhr hieraus unter anderem den Schluss zog, dass die Freiheit den Unterdrückern abgetrotzt werden müsse.

Die Philosophie jedoch, der sich King am stärksten verbunden fühlte, war der Personalismus. Dieser bildete auch die Grundlage seiner im April 1955 abgeschlossenen Doktorarbeit, in der er das Gottesverständnis des großen deutsch-amerikanischen Theologen Paul Tillich, der auch die frühe Frankfurter Schule und insbesondere Theodor W. Adorno beeinflusste, und des amerikanischen Religionsphilosophen Henry Nelson Wieman vergleicht und kritisiert. Wie bereits der Begriff „Personalismus" verrät, zeichnet sich diese Denkrichtung durch die besondere Betonung des Wertes eines jeden Individuums aus. Dem Personalismus zufolge müssen auch Staaten, Gesetze und Regeln nach den Auswirkungen beurteilt werden, die sie auf das individuelle Leben haben; jede Verletzung der Menschenwürde gilt, theologisch gesprochen, als sündhaft. Dieser Ansatz eignete sich als philosophische Begründung der religiösen Grundannahmen, die King bereits als kleiner Junge, quasi mit der Muttermilch, aufgesogen hatte: Jeder Mensch ist wertvoll; Rassentrennung ist grundfalsch; man muss gegen das Übel in der Gesellschaft vorgehen.

Auch darüber hinaus nutzte King, das Kind der schwarzen Kirche, viele Elemente liberaler Theologie. So machte er für seine Predigten immer wieder Anleihen nicht nur bei schwarzen, sondern auch bei weißen Pastoren. Diese „Integration" trug, neben der Gewaltlosigkeit und Feindesliebe, ebenfalls maßgeblich dazu bei, dass seine Botschaft im weißen Amerika Gehör fand.

Hinzu kam ein weiterer Aspekt. Im Priesterseminar in Crozer lebte King nämlich erstmalig in seinem Leben in einer ganz überwiegend von Weißen geprägten Umwelt. Dabei lernte er viel über „The Ways of White Folks" (Langston Hughes) und die stereotype Wahrnehmung seiner eigenen Person, die er zu widerlegen und der er auf alle erdenkliche Weise zu entkommen suchte. Er erkannte aber auch auf neue Weise „The Souls of Black Folk" – das von W.E.B. Du Bois bereits 1903 analysierte „doppelte Bewusstsein" der Schwarzen, das auf den zentralen Widerspruch der afroamerikanischen Existenz abstellte, nämlich Teil der amerikanischen Gesellschaft, zugleich aber von dieser weitgehend ausgeschlossen zu sein. (King liest dieses Buch des berühmten Wissenschaftlers und radikalen Aktivisten ausgerechnet im Gefängnis von Birmingham.)

Schließlich war es nicht zuletzt die Verbindung seiner religiösen Ideale mit dem *American Creed*, das heißt den freiheitlichen Werten der amerikanischen Nation, die Martin Luther Kings bis dahin ungekannten Erfolg eines schwarzen Pastoren und politischen Führers begründete. Das „amerikanische Dilemma", wie es der schwedische Wissenschaftler Gunnar Myrdal in seinem berühmten Werk beschrieb, bestand demnach darin, dass das in der Verfassung verankerte Versprechen von Freiheit und Glück für Schwarze keine Gültigkeit besaß. Amerika wäre erst dann frei, predigte King, wenn dieses Versprechen verwirklicht sei, wenn Verfassungsanspruch und -wirklichkeit endlich zur Deckung gebracht worden seien. Diese Berufung auf „Gott und die Verfassung“ findet sich in zahllosen seiner Reden über die Befreiung der „Neger“, wie die Afroamerikaner damals noch genannt wurden.

In diesem Sinne war Kings Rhetorik zuvörderst von zwei Aspekten geprägt: Er wollte sein Auditorium für einen moralischen Kreuzzug gewinnen und auf diese Weise demonstrieren, dass die Predigt sehr wohl zur Aktion führen kann. Und er wollte seine Zuhörer davon überzeugen, dass das zivile und politische Leben in den Vereinigten Staaten dringend der moralischen Ressourcen der schwarzen Religion bedürfte: Der schwarze Freiheitskampf, den er führte, sollte das ganze Land erneuern.

Dazu brauchte King, der Pastor, vor allem Gottvertrauen. Und das besaß er. Immer wieder würde er sich Gott zuwenden, wenn er nicht mehr weiterwusste.

Erst am Morgen seiner Inhaftierung in Birmingham – am „guten Freitag“, der die Leiden Christi symbolisiert, aus denen er so viel Kraft schöpfte – war es wieder so gewesen, auf einer kurzfristig anberaumten Sitzung des inneren Führungszirkels in seinem örtlichen „Hauptquartier“, dem Gaston Motel. Dort berichtete der New Yorker Anwalt Norman Amaker über die zwei Tage zuvor ergangene einstweilige gerichtliche Verfügung gegen die Demonstrationen. Er erklärte, dass diese zwar offenbar verfassungswidrig sei, die Teilnehmer aber trotzdem damit rechnen müssten, gerichtlich belangt zu werden. Dies kam angesichts des Umstands, dass die Kautionszahlungen wegen Geldknappheit nicht gewährleistet werden konnten, einer Katastrophe gleich.

Damit aber saß die Bewegung, saß insbesondere King in der Zwickmühle: Einerseits musste man dringend Spendengelder akquirieren, damit die Inhaftierten aus dem Stadtgefängnis geholt werden konnten; das bedeutete gerade für King, dass er Birmingham einstweilen verlassen und sich aufs Reisen und Spendensammeln verlegen müsste. Andererseits konnte man nicht zulassen, dass die Bewegung durch die Verfügung de facto abgewürgt würde; zudem hatte King zwei Tage zuvor auf der abendlichen Massenversammlung persönlich erklärt, am Karfreitag mitzumarschieren und sich verhaften zu lassen. Dies zu tun bedeutete jetzt aber zugleich, gegen eine gerichtliche Anordnung zu verstoßen.

In dem überfüllten *Room No. 30* wusste keiner einen Ausweg. Alle, auch die erfahrenen Aktivisten, waren überwältig von einer großen Hoffnungslosigkeit und befürchteten bereits das Scheitern der ganzen Kampagne. „Ich saß in der tiefsten Stille, die ich je empfunden hatte, alleine in dem überfüllten Raum", sollte King später schreiben. Schließlich zog er sich ins Schlafzimmer zurück. Dort bat er betend Gott um Rat.

Als er nach einer halben Stunde in den Raum zurückkehrte, war die Hoffnungslosigkeit aus seinem Antlitz verschwunden. Manch einer der Anwesenden hatte ihn noch nie anders als im Anzug gesehen; jetzt aber trug er Jeans und ein blaues Arbeitshemd, zum Zeichen seiner Solidarität mit den schwarzen Arbeitern, und erklärte der Versammlung: „Ich weiß nicht, was passieren wird. Ich weiß nicht, woher das Geld kommen wird. Aber für mich ist das eine Sache des Glaubens." In der sich anschließenden Diskussion präzisierte er: „Wenn wir die Verfügung befolgen, sind wir erledigt. [...] Ich *muss* gehen. Ich werde demonstrieren, selbst wenn ich es alleine tun muss."

Noch nie zuvor hatte King gegen eine gerichtliche Anordnung verstoßen. Offenbar hatte Gott ihm zu einer Radikalisierung geraten.

Kapitel 3
Bombingham

Dass Martin Luther King und die *Southern Christian Leadership Conference* Birmingham für ihre Kampagne gegen die Rassentrennung auswählten, hatte hauptsächlich zwei Gründe. Zum einen gab es in der Stadt mit der *Alabama Christian Movement for Human Rights* (ACMHR) die mitgliederstärkste SCLC-Zweigorganisation, deren Vorsitzender Fred L. Shuttlesworth den Dachverband schon lange um Unterstützung ersucht hatte. Und zum anderen war Birmingham bis weit über die Grenzen Alabamas hinaus als Bastion rassistischer Hardliner bekannt. „Wenn wir diese Stadt knacken können, dann können wir jede Stadt knacken", meinte der Direktor der SCLC, Wyatt Walker.

Birmingham war, sogar für amerikanische Verhältnisse, eine noch junge Stadt. Bis weit ins 19. Jahrhundert hinein war es ein Jagdgebiet verschiedener Indianerstämme, unter ihnen die Cherokee, die Präsident Andrew Jackson in den 1830er Jahren gewaltsam umsiedeln ließ, indem er sie auf einen „Pfad der Tränen" schickte. Die Gründung der Stadt selbst datiert auf das Jahr 1871, als zwei neu errichtete Eisenbahnlinien am Ort zusammentrafen. Der Grund dafür, dass sich hier die Gleise kreuzten, lag unter der Erdoberfläche, in den großen Erzvorkommen, die Birminghams rasches Bevölkerungswachstum im Zuge des Aufstiegs zum größten Industriestandort des immer noch ganz überwiegend agrarischen Südens prägten.

Auf Grund der alles beherrschenden Eisenindustrie wurde die Stadt, in Anlehnung an das Zentrum der Schwerindustrie im Bundesstaat Pennsylvania, das „Pittsburgh des Südens" genannt. Die Hochöfen dominierten nicht nur die Skyline der Stadt; von ihrem Wohl und Wehe hing die gesamte Region ab. Deshalb hatte die Stahlbourgeoisie Birmingham jederzeit fest im Griff. Alles orientierte sich an ihren mächtigen Interessen.

Zentraler Bestandteil der „Folklore", auf deren Pflege die Stahlbarone von *U.S. Steel* achteten, war die institutionalisierte Rassentrennung, die Segregation. Sie erwies sich vom Standpunkt der weißen Aristokratie aus betrachtet als ausgesprochen nützlich. Denn mit ihrer Teile-und-herrsche-Strategie, die Weiße und Schwarze spaltete, gelang es der lokalen Elite immer wieder, die phasenweise starken Ansätze gewerkschaftlicher Organisierung zu zerschlagen. *U.S. Steel* gründete zu diesem Zweck gar eine „Liga zur Aufrechterhaltung der weißen Vorherrschaft". Kurz: Die Stahlbarone kontrollierten unangefochten die Geschicke der Stadt.

Einerseits kann Birmingham, obgleich Industriestadt, durchaus als typisch für den amerikanischen Süden bezeichnet werden. Wie andernorts gab es auch hier keinen einzigen afroamerikanischen Polizisten oder Feuerwehrmann; wie andernorts waren auch hier die Afroamerikaner ganz überwiegend in den schlecht entlohnten Sektoren des Arbeitsmarktes konzentriert und verdienten ihren kargen Lebensunterhalt zumeist als Putzfrauen und Hilfsarbeiter. Und wie andernorts regierte auch hier die strikte Rassentrennung. Überall, in den Wohnvierteln, Bussen, Eisenbahnen, Schulen, Universitäten, Bibliotheken, Wartezimmern, Krankenhäusern, Schwimmbädern, Sportstätten, Parkanlagen, Theatern, Museen, Kinos, Bars, Restaurants, Hotels, ja selbst auf den Kinderspielplätzen und Friedhöfen waren Weiße und Schwarze per Gesetz voneinander getrennt; überall hingen Schilder mit der Aufschrift *Whites only* – „Nur für Weiße".

Andererseits war die Segregation in Birmingham noch strenger als andernorts. Hier trennte man sogar Parkplätze und Fahrstühle nach Hautfarbe. Hier trugen Wäschereifahrzeuge die Aufschrift „Wir waschen nur für Weiße". Hier arbeitete in der ganzen Stadt überhaupt nur ein einziger Schwarzer in einem Geschäft, das sich in weißem Besitz befand – und das, obwohl Afroamerikaner rund vierzig Prozent der 340 000 Einwohner ausmachten. Hier verzichtete man selbst auf einen Auftritt der Metropolitan Opera aus New York, weil diese nur vor nichtsegregiertem Publikum auftreten wollte.

Hinzu kommt, dass in Birmingham auch die rassistische Gewalt besonders ausgeprägt war. *Ku Klux Klan* und *White Citizens' Council* verfügten vor Ort über große und als besonders brutal bekannte Gruppen, die in den 1950er und frühen 1960er Jahren Dutzende Bombenanschläge gegen Schwarze verübten. Zumeist nahmen sie dabei zum Anlass, dass diese in kleine Häuser am Rande eines weißen Wohnviertels gezogen waren. Umgangssprachlich hieß diese Gegend deshalb bereits „Dynamit-Hügel". In der Bürgerrechtsbewegung galt die Stadt als besonders gefährlich; Birmingham hieß in ihren Kreisen „Bombingham".

Oftmals begingen die Terrorgruppen ihre Gewalttaten auch einfach aus Lust und Laune. Immer wieder wurden schwarze Männer willkürlich zusammengeschlagen, schwarze Frauen vergewaltigt; nicht selten brachten die Rassisten ihre Opfer anschließend um. Die Bestialität, mit der die Täter dabei vorgingen, lässt das Blut in den Adern gefrieren. Erst kürzlich hatte der Fall des Afroamerikaners Judge Aaron Entsetzen weit über die Grenzen der Stadt hinaus ausgelöst: Aus heiterem Himmel hatten ihn weiße Rassisten angegriffen, mit Schlägen traktiert und anschließend blutig kastriert. In Birmingham regierte der nackte Terror.

Was die Situation in Birmingham besonders unerträglich machte, war der Umstand, dass die örtliche Polizeidirektion die Gewalttaten deckte; das allerdings war im Süden die Regel, nicht die Ausnahme. Zu keinem Zeitpunkt wurden Ermittlungen zur rassistisch motivierten Gewalt aufgenommen. Und so gingen die Täter stets straffrei aus – dank der schützenden Hand des Polizeichefs Eugene „Bull" Connor. Connor war ein ehemals populärer Baseballreporter, der seit den 1930er Jahren fast durchgängig das Amt des städtischen „Beauftragten für öffentliche Sicherheit" innehatte. Damals hatte er sich das Vertrauen der Stahlbarone erworben, als er bei der konstituierenden Sitzung der *Southern Conference for Human Welfare* in Birmingham, in Gegenwart der protestierenden „First Lady" Eleanor Roosevelt, durch sein Beharren auf Rassentrennung verhinderte, dass dieses Vorhaben von Präsident Roosevelt, das die New-Deal-Reformen in den Süden bringen sollte, Fuß fassen konnte. Zudem war er auch daran beteiligt, die Gewerkschaften vor Ort zu zerschlagen, indem er dem von John L. Lewis geführten nationalen Gewerkschaftsdachverband *Congress of Industrial Organizations* (CIO) das Etikett „Nigger-Gewerkschaft" verpasste.

Bull Connor war der personifizierte Hardliner der rassistischen Ordnung. Er kannte für Dr. King und seine Mitstreiter nur einen Namen: „Nigger". Kurz: Connor war eindeutig kein Befürworter des Dialogs und des Ausgleichs, sondern ein Mann der eisernen Faust und der Konfrontation.

Ironischerweise war es gerade dieses Persönlichkeitsprofil Connors, das in Kings Stab den Ausschlag dafür gab, die eige-

Birminghams Polizeichef Eugene „Bull" Connor hält eine Rede an der West End High School, 18. Oktober 1962

nen Aktionen auf Birmingham zu konzentrieren. Denn die Strategie der SCLC war nicht in erster Linie darauf ausgerichtet, die hiesigen Verantwortlichen zum Einlenken zu bewegen; in dieser Hinsicht bestand, wie fast überall im Süden, ohnehin wenig Anlass zur Hoffnung. Zu sehr lastete die rassistische „Tradition aller toten Geschlechter wie ein Alb auf dem Gehirne der Lebenden". Und zu dieser Tradition zählte, dass Lynchmorde bis in die 1930er Jahre hinein oftmals regelrechte Volksfeste gewesen waren, die in den Lokalzeitungen angekündigt wurden und zu denen Weiße von weither anreisten, um zuzuschauen und sich danach zu drängen, neben den verbrannten, verstümmelten Körpern fotografiert zu werden. Kein Wunder, dass „Weißsein in der schwarzen Vorstellungswelt" lange mit „Terror" assoziiert wurde.

Kings Stab setzte daher nicht auf die Einsicht Connors, sondern auf einen anderen Kurs: Man wollte die Bundesregierung zum Eingreifen zwingen, die wiederum die bestehenden gesetzlichen Regelungen durchsetzen und die Verantwortlichen vor Ort zur Änderung ihrer Haltung veranlassen sollte. Der Druck, der dafür nötig sein würde, konnte nur über die nationalen Medien entwickelt werden – um den Präsidenten zu bewegen, musste zunächst die weiße Bevölkerungsmehrheit im Norden erkennen, wie unmoralisch und illegitim das Regime des Südens war. In die nationalen Medien wiederum gelangte die Bewegung in der Regel nur dann, wenn es Bilder von Übergriffen der lokalen Staatsgewalt gab, welche in der Öffentlichkeit für einen Aufschrei sorgten. Ziel der eigenen Aktionen musste es also sein, die Vertreter der lokalen Staatsmacht, das heißt insbesondere Bull Connor, mit – wie immer – konsequent gewaltfreien Mitteln so zu provozieren, dass sie ihr wahres Gesicht zeigten. Nicht zufällig taufte Wyatt Walker die Kampagne intern auf den Namen *Project C* – das „C" stand dabei für *confrontation*. Es galt also, den Polizeichef aus der Reserve zu locken – *to turn Bull into a steer*, wie Walker sagte –, polizeiliche Übergriffe zu provozieren, die dann über Berichte und vor allem Fotos und Fernsehbilder in den Medien landesweit Empörung erzeugen und den Präsidenten zum Eingreifen zwingen sollten.

Dabei war King und seinem Stab bewusst, dass es nicht leicht werden würde, Kennedy zum Handeln zu bewegen. Denn von sich aus war der Präsident ganz offensichtlich nicht gewillt, gegen die nach dem Beschluss des Obersten Gerichtshofs illegale Rassentrennung vorzugehen. Im Gegenteil, Kennedy hatte im Amt viel dafür getan, die Anhänger der Segregation für sich einzunehmen. Umgekehrt verfolgte er gegenüber der Bürgerrechtsbewegung eine Hinhaltetaktik. Gerade hinsichtlich seines Wahlkampfversprechens, er werde im Amt umgehend eine präsidiale Verfügung erlassen, die die rassistische Diskriminierung im mit Bundesmitteln geförderten Wohnungsbau „mit einem Federstrich" (nämlich seiner Unterschrift) beenden würde, enttäuschte er seine afroamerikanischen Wählerinnen und Wähler. Und im institutionellen „Kleinkrieg" um die Rassentrennung wies er immer wieder jedwede Verantwortung von sich, beispielsweise als die von Präsident Truman 1946 ins Leben gerufene *Commission on Civil Rights* ihn dazu aufforderte, dem Bundesstaat Mississippi keine Bundesmittel mehr zukommen zu lassen, solange dieser sich nicht an die einschlägigen Gerichtsurteile hielt, die den Schwarzen Schutz vor Gewalt und Diskriminierung zusicherten. Der Präsident behauptete einfach, dies stünde nicht in seiner Macht.

In der SCLC war man sich daher einig: Mit Blick auf die Bürgerrechte war Kennedy kaum besser als sein republikanischer Amtsvorgänger, General Eisenhower.

Kennedys Zögern bedeutete, dass die Bewegung vor Ort erheblichen Druck aufbauen musste, um den widerwilligen Präsidenten in der Hauptstadt doch noch zum Handeln zu bewegen. Nur so war den lokalen Strukturen der Macht beizukommen. Und nur so ließ sich auch ein nationales Bürgerrechtsgesetz erzwingen. Dies bewiesen die erst kurz zurückliegenden Aktionen in Albany. Sie waren vor allem daran gescheitert, dass der dortige Polizeichef, Laurie Pritchett, eine behutsame Taktik des „Samthandschuhs" verfolgte, es also konsequent vermied, den Konflikt zu verschärfen. Auf diese Weise war es der Bewegung schwergefallen, die Öffentlichkeit zu erzeugen, derer sie bedurfte, um Erfolge zu erzwingen.

King und seine Mitstreiter wussten jedoch: Der Polizeichef von Birmingham war von ganz anderem Schlag als Pritchett. Und genau darin sahen sie ihre Chance.

Naturgemäß lag hierin jedoch zugleich ein Problem. Denn damit der Plan des *Project C* aufginge, bedurfte es vieler Aktivisten, die bereit sein mussten, im wahrsten Sinne des Wortes ihren Kopf hinzuhalten und sich in Haft nehmen zu lassen. Die Strategie der Skandalisierung der lokalen Staatsgewalt erforderte also eine hohe Opferbereitschaft und Disziplin. Um die Demonstrationsteilnehmer hierauf vorzubereiten, richtete die SCLC, wie auch bei anderen Kampagnen, unter Leitung von James Lawson im Vorfeld mehrere Workshops und Trainings aus.

„Keep Alabama White": Protest gegen die Bürgerrechtsbewegung in Birmingham, 4. September 1963

Hier lag der zweite Grund für Kings Entscheidung, nach Birmingham zu gehen. Denn mit Shuttlesworth und der lokalen *Alabama Christian Movement for Human Rights* gab es in der Industriestadt eine solide, mobilisierbare Basis an Aktivisten, die über einen reichhaltigen Erfahrungsschatz im Kampf gegen die Segregation verfügte.

„Dort, wo es Macht gibt, gibt es Widerstand." Dieser Satz des französischen Philosophen Michel Foucault galt auch in Birmingham. Bereits früher hatten sich im Schoße der weißen Herrschaft immer wieder Keimzellen des Widerstands gebildet, die den Kampf gegen die lokalen Machtstrukturen aufnahmen – beispielsweise Gewerkschaften, die sich über die Rassengesetze hinwegsetzten, indem sie Weiße und Schwarze gemeinsam organisierten; die *National Association for the Advancement of Colored People* (NAACP), die die Gleichberechtigung der Schwarzen vor allem vor Gericht zu erstreiten suchte und hiermit wesentlich zur Entscheidung des Obersten Gerichtshofs von 1954 beitrug; die KPUSA, die auf Grund ihrer areligiösen Haltung zwar keine schwarze Massenbasis erringen konnte, sich aber unter Schwarzen – und auch bei King – großen Respekt dafür erwarb, dass sie die einzige von Weißen dominierte politische Organisation war, die sich tatsächlich, ohne Wenn und Aber, für die volle Emanzipation der ehemaligen Sklaven einsetzte.

Das eigentliche Zentrum des afroamerikanischen Widerstands aber lag in den schwarzen Kirchengemeinden. Die „organischen Intellektuellen" der Bewegung mussten folglich Pastoren sein. So wie es schon mit King (und Abernathy) in Montgomery gewesen war, so war es auch in Birmingham mit Fred Shuttlesworth. In ihm hatte „Bombingham" einen lokalen Führer hervorgebracht, der dem Polizeichef unerschrocken trotzte. Dem Pastor der Bethel Baptist Church war bereits so ziemlich alles widerfahren, was den weißen Rassisten zu Gebote stand: Man hatte ihn zusammengeschlagen, inhaftiert, niedergestochen. Man hatte einen Bombenanschlag auf sein Pfarrhaus verübt. Aber all dies vermochte nicht, den Pastor zur Umkehr zu bewegen. Im Gegenteil: Nachdem er den Anschlag auf sein Pfarrhaus überlebt hatte, war Shuttlesworth davon überzeugt, dass Gott ihn in seinem Kampf beschützen werde.

Der kämpferische Pastor hatte im Jahr 1956, als die NAACP im gesamten Bundesstaat Alabama verboten wurde, und beeindruckt von dem Busboykott in Montgomery die ACMHR gegründet, die sich im darauf folgenden Jahr der neu gebildeten SCLC anschloss. Ein weiterer Vorteil war, dass die Bewegung in Birmingham intern nicht so gespalten war wie andernorts, wo die großen Organisationen sich mit Argwohn betrachteten oder gar, wie in Albany, wechselseitig blockierten. In Birmingham kam es dagegen im Grunde nur darauf an, dass sich King und Shuttlesworth nicht auseinanderdividieren ließen.

King zog aus der Niederlage in Albany noch eine andere Lehre. Damals hatte die Bewegung ihre Forderungen in erster Linie an die lokale Politik adressiert. Diese Taktik hatte sich indes als Problem erweisen, weil die Afroamerikaner ganz überwiegend kein Wahlrecht besaßen und die – von Weißen gewählten – Politiker deshalb nur schwer unter Druck setzen konnten. Gegenüber der Strategie in Albany änderten King und sein Stab deshalb die Zielsetzung und Adressaten der Proteste. Denn während die weißen Politiker gegenüber den Protesten weitgehend immun waren, hingen die Geschäftsleute von den Afroamerikanern in ihrer Eigenschaft als Kunden ab. Die Schwarzen hätten, sagte King, „genügend Kaufkraft in Birmingham, um für ein Geschäft den Unterschied zwischen Profit und Verlust auszumachen. Das war in Albany nicht so [...]. Ich halte dies für einen echten Vorteil und denke, dass wir diese Kaufkraft möglichst konstruktiv nutzen sollten, indem wir unsere wirtschaftliche Unterstützung von den Geschäften abziehen, die unsere Menschen nicht respektieren." Dementsprechend erhob das *Birmingham Manifesto*, das King zu Beginn der Kampagne am 3. April vorstellte, drei Kernforderungen: das Ende der Rassentrennung in den Geschäften, eine faire Einstellungs- und Beschäftigungspolitik gegenüber den Schwarzen in Geschäftswelt und Stadtverwaltung sowie die Einrichtung eines „gemischten" Komitees aus weißen und schwarzen Vertretern, das sich mit den weiteren Schritten der städtischen *desegregation*, das heißt der Aufhebung der Rassentrennung, befassen sollte.

Auf einem zweitägigen Geheimtreffen in Dorchester/Maryland, auf dem King im Januar, unmittelbar nach Neujahr, seine engsten Mitstreiter versammelte, wurden die Einzelheiten der von Wyatt Walker vorbereiteten Kampagne in Birmingham diskutiert. Angesichts der schwierigen Lage der SCLC wie auch seiner Führungsrolle in der Bürgerrechtsbewegung ging es um zu viel, als dass er sich nur auf die offiziellen Strukturen – und die endlosen Debatten dort – verlassen wollte. Auf diesem Treffen erinnerte Stanley Levison, seit dem Busboykott in Montgomery Kings wichtigster weißer Berater, die Anwesenden an Bull Connors Aktivitäten in den 1930er Jahren. Damals hatte Connor wesentlich dazu beigetragen, die CIO-Gewerkschaften zu zerschlagen, obwohl diese über viel mehr Macht verfügten als die Bürgerrechtsbewegung drei Jahrzehnte später. King warnte seine Mitstreiter, dass angesichts des Hardliners Connor damit zu rechnen sei, dass im Zuge der Kampagne Aktivisten zu Tode kämen.

Wyatt Walker, der damit betraut worden war, die Kampagne detailliert vorzubereiten, stellte in Dorchester den Aktionsplan vor. Er sah vier Stufen der Eskalation vor. Zuerst sollte die Bewegung kleinere Sit-ins in den Imbisshallen der großen Kaufhäuser in der Innenstadt organisieren, um Aufmerksamkeit auf ihre Forderung der Desegregation zu lenken, während sie zugleich auf täglichen Massenversammlungen die Mobilisierung vorantrieb. Im zweiten Schritt würde dann ein allgemeiner Boykott der großen Kaufhäuser folgen. Anschließend sollten Massendemonstrationen stattfinden, sowohl um den Boykott zu unterstützen als auch um die Gefängnisse zu füllen. Falls nötig, würde man schließlich auch Leute von außerhalb Birminghams einbeziehen, um den Druck zu verstärken.

Kapitel 4

Aufruf zur Mäßigung

Schon vor seiner Inhaftierung im Stadtgefängnis hatte sich King um die massiven Mobilisierungsprobleme gesorgt, denen die Aktivisten vor Ort begegneten. Denn obwohl unter Walkers Leitung alles bis ins kleinste Detail vorbereitet worden war, lief das *Project C* nur schleppend an. Seinen Bruder Alfred Daniel (genannt A.D.) King, der ebenfalls an der Kampagne teilnahm, hatte er unmittelbar vor seiner Verhaftung gedrängt: „Pass auf, dass die Bewegung nicht stirbt, während Ralph und ich im Gefängnis sind."

Nun, während er in seiner Zelle sitzt und vom Geschehen abgeschnitten ist, verschärft sich die Lage weiter. Zwar sind die im Zuge der Kampagne täglich stattfindenden Versammlungen gut besucht, und der Enthusiasmus ist groß. Wenn aber, wie immer am Ende der Versammlungen, danach gefragt wird, wer denn bereit sei, bei der nächsten Demonstration mitzumachen und sich in Haft nehmen zu lassen, erheben sich regelmäßig nur wenige von den Kirchbänken. Statt Hunderten oder gar Tausenden beteiligen sich meist nur wenige Dutzend Menschen an den Protestmärschen. Das Vorhaben, den Druck auch dadurch zu erhöhen, dass die Gefängnisse irgendwann überfüllt sein werden und keine Inhaftierten mehr aufnehmen können, ist so nicht zu verwirklichen.

Die Gründe für die geringe Bereitschaft zum aktiven Mittun liegen nicht zuletzt in der mangelnden Unterstützung aus dem afroamerikanischen Establishment. Wichtige Akteure des schwarzen Birmingham haben sich im Vorfeld gegen King und Shuttlesworth gestellt – Geschäftsleute, Angehörige der Mittelschichten und selbst Emory O. Jacksons Zeitung *Birmingham World*. Gerade das *Black Business* und die – vom Sozialwissenschaftler E. Franklin Frazier nur wenige Jahre zuvor ironisch so genannte – *Black Bourgeoisie* sind zum großen Teil selbst Produkte der Segregation und dementsprechend konservativ. Ihre Angehörigen hängen überwiegend, wie bereits in Albany, der berühmten Idee Booker T. Washingtons an, derzufolge die Afroamerikaner sich zunächst auf ihren ökonomischen Fortschritt konzentrieren sollen, anstatt die Rassentrennung zu bekämpfen.

Hinzu kommt der „Faktor Fred". Der mutige Shuttlesworth genießt unter Afroamerikanern zwar großen Respekt für seine Unbeugsamkeit. Seine Urteilskraft hingegen ist umstritten, seinen Radikalismus betrachten viele mit Argwohn, und seine Überzeugung, dass ihm der Aktivismus von Gott auferlegt sei, weckt nicht überall Vertrauen. Darüber hinaus funktioniert die ACMHR de facto wie eine Ein-Mann-Show.

Vor allem aber haben die meisten potenziell Interessierten Angst davor, sich zu engagieren. Angst vor Bull Connor und dem Gefängnis, vor allem aber Angst um ihre Arbeitsplätze. Mit Grund: Denn das einflussreiche White Citizens' Council hatte in Alabama bereits früher dafür gesorgt, dass viele der Schwarzen, die sich aktiv an Protesten gegen die Rassentrennung beteiligten, entlassen und bei den Banken auf die Schwarze Liste gesetzt wurden, das heißt keine Kredite und Hypotheken mehr bekamen. Das Drohpotenzial ist also erheblich.

Was King jedoch bei all dem Zögern und Zaudern am meisten schmerzt, ist die ablehnende Haltung vieler schwarzer Kirchen – nur rund ein Zehntel der schwarzen Pastoren unterstützt ihn offen. Viele, auch baptistische Pastoren drängen ihn anfangs gar, die Aktion abzusagen und die Stadt zu verlassen. Es ist offensichtlich kein Zufall, dass Kings Versuch, die bundesweite Dachorganisation *National Baptist Convention* zu reformieren, im Vorjahr an deren Konservatismus gescheitert war. Viele schwarze Kirchen dienen zwar als Ort für Massenversammlungen und oft auch als institutionelle Basis des Widerstands. Sie verstehen sich aber überwiegend nicht als Teil der sozialen Bewegung – diese Erfahrung muss King auch bei anderen Aktionen immer wieder machen.

Zwei Tage vor seiner Verhaftung hatte King die zögernde bis ablehnende Haltung der Pastoren auf der täglichen Massenversammlung scharf verurteilt. „Ich habe die Prediger satt, die in großen Autos herumfahren, in schönen Häusern wohnen, aber nicht gewillt sind, ihren Teil zum Kampf beizutragen. Wenn ihr nicht für eure Leute eintreten könnt, seid ihr als Anführer ungeeignet! [...] Es ist besser, in Würde ins Gefängnis zu gehen, als in Ergebenheit die Rassentrennung zu akzeptieren."

Aber während King die schwarzen Pastoren hart kritisiert, weil er von ihnen Hilfe erwartet, hat er die Hoffnung auf Unterstützung durch weiße Geistliche zu diesem Zeitpunkt nahezu aufgegeben. Zu sehr scheinen sich diese, von einzelnen rühmlichen Ausnahmen wie seinem alten Freund Robert Graetz in Montgomery abgesehen, in der Rassentrennung behaglich eingerichtet zu haben. Während in den schwarzen Kirchengemeinden jeder willkommen geheißen wird (wenngleich kaum Weiße sich je sehen lassen), versperren die weißen Kirchen den Schwarzen den Zugang zu ihren Gotteshäusern. Dies kommt für den von der Gleichheit aller Menschen zutiefst überzeugten King einer Gotteslästerung gleich.

Früher hatte er immer gepredigt – er tat es zur Rechtfertigung der Gewaltlosigkeit noch immer –, dass die christliche Feindesliebe auch die Hartgesottenen zu erweichen vermöchte. Heute, zur Zeit der Birmingham-Kampagne, besitzt er in dieser Hinsicht nur noch wenig Hoffnung.

In seiner Gefängniszelle sollen weiße Geistliche dennoch bald im Mittelpunkt stehen. Denn im Laufe des Vortags steckt jemand King die Samstagsausgabe der wichtigsten Lokalzeitung *Birmingham News* zu. Nun erwartet King von dieser Zeitung ohnehin nicht viel. Zu offen ergreift sie immer wieder Partei für die Propagandisten der Rassentrennung. Sofern sie überhaupt über die Aktionen der Bewegung berichtet, sind die Nachrichten im hinteren Teil der Zeitung vergraben und durchweg ablehnend. Das alles kennt er allerdings schon seit dem Busboykott in Montgomery.

In der Samstagsausgabe der *Birmingham News* sind die Proteste jedoch der Aufmacher auf Seite zwei. Unter einem Foto von seiner Verhaftung am Vortag steht die Überschrift: „Weiße Geistliche drängen einheimische Neger zum Rückzug von Demonstrationen." Der folgende Text ist indes kein redaktioneller Bericht; es handelt sich vielmehr um den Abdruck einer Erklärung, die acht weiße Geistliche der Stadt – sechs Protestanten unterschiedlicher Kongregationen, ein Katholik und ein Rabbi – ausgerechnet am Tag seiner Inhaftierung verfasst haben.

Die von Bischof C.C.J. Carpenter angeführten Geistlichen sind King nicht unbekannt. Sieben von ihnen hatten den „Aufruf zu Ruhe und Ordnung und gesundem Menschenverstand" mit unterzeichnet, der im Januar des Jahres indirekt den neu gewählten Gouverneur Alabamas kritisierte. George Wallace hatte in seiner berüchtigten Inaugurationsrede am

14. Januar erklärt, sich im Amt für „Segregation heute, Segregation morgen, Segregation für immer" einzusetzen. Die Geistlichen hatten ihren Aufruf ausgesprochen verhalten formuliert und die Rassentrennung selbst gänzlich ausgespart. Sie konzentrierten sich auf „Ruhe und Ordnung", wandten sich aber auch gegen „Hass und Gewalt". Der Umstand der Veröffentlichung kurz nach Wallaces Amtseinführung bescherte ihnen seinerzeit große Aufmerksamkeit.

Alabamas Gouverneur George Wallace („Segregation forever!")
mit Anhängern in Tuscaloosa

In ihrem in der *Birmingham News* dokumentierten Schreiben, *A Call for Unity*, richten sich die Geistlichen nun ausdrücklich gegen die von King angeführten Protestaktionen. Nachdem sie im Text einleitend an ihren Aufruf vom Januar erinnern, wenden sie sich der Bewegung zu.

„Wir sehen uns jetzt allerdings mit einer Serie von Demonstrationen einiger unserer Neger-Bürger konfrontiert, die von Außenstehenden gelenkt und teilweise angeführt werden. Wir verstehen die natürliche Ungeduld von Menschen, die das Gefühl haben, dass ihre Hoffnungen nur langsam verwirklicht werden. Aber wir sind überzeugt, dass diese Demonstrationen unklug sind und zur falschen Zeit kommen.

Wir stimmen denjenigen aus der lokalen Negerführung zu, die zu ehrlichen und offenen Verhandlungen in unserem Bezirk aufgerufen haben. Und wir glauben, dass diese Art, die Streitfragen anzugehen, am besten durch Bürger unserer eigenen Metropolregion bewerkstelligt werden kann, Weiße und Neger, die mit ihrer Kenntnis und ihrer Erfahrung der lokalen Situation zusammenkommen. Wir alle müssen uns dieser Verantwortung stellen und angemessene Wege finden, ihr gerecht zu werden.

Genau wie wir früher betont haben, dass ‚Hass und Gewalt keine Rechtfertigung in unseren religiösen und politischen Traditionen finden', betonen wir auch, dass solche Aktionen, die zu Hass und Gewalt anstacheln, wie technisch gewaltfrei diese Aktionen auch immer sein mögen, nicht dazu beitragen, unsere lokalen Probleme zu lösen. Wir glauben nicht, dass diese Tage der neuen Hoffnung extreme Maßnahmen in Birmingham rechtfertigen.

Wir loben die Gemeinde insgesamt, und die örtlichen Medien und Gesetzeshüter im Besonderen, für die ruhige Art und Weise des Umgangs mit diesen Demonstrationen. Wir mahnen die Öffentlichkeit, auch fortan Zurückhaltung an den Tag zu legen, sollten die Demonstrationen weitergehen, und die Gesetzeshüter, ruhig zu bleiben und unsere Stadt weiterhin vor der Gewalt zu schützen.

Ferner mahnen wird unsere eigene Neger-Gemeinde dringend, diesen Demonstrationen die Unterstützung zu entziehen und sich hier vor Ort zu vereinigen, um friedlich für ein besseres Birmingham zu arbeiten. Wenn Rechte beständig versagt werden, sollte ein Anliegen vor Gericht und in Verhandlungen der lokalen Führer und nicht auf der Straße verfolgt werden. Wir appellieren an unsere weiße wie an unsere Neger-Bürgerschaft, die Prinzipien von Recht und Ordnung und gesundem Menschenverstand zu befolgen."

Die Kampagne – „unklug und zur falschen Zeit". King und sein Stab – „Außenstehende", Eindringlinge. Die Demonstrationen – „haben nicht zur Lösung unserer lokalen Probleme beigetragen". Die Bewegung – „extrem". Das Ziel – „sollte vor Gericht und nicht auf der Straße" verfolgt werden. Bull Connor hingegen erhält sogar Lob für seine „ruhige Art" des Umgangs mit den Protesten.

Aber Martin Luther King ist nicht etwa traurig, als er die Lektüre der Zeitung beendet hat, obwohl es sich bei den Unterzeichnern nicht um rassistische Hardliner, sondern eher um – für Südstaatenverhältnisse – gemäßigte Weiße handelt. Traurig gestimmt hätte ihn ein solches Schreiben vielleicht vor Jahren, als er noch daran glaubte, ja fast erwartete, dass auch seine weißen Glaubensbrüder den Kampf der Bürgerrechtsbewegung unterstützen würden. Heute jedoch ist er einfach sauer, stinksauer. Was maßen sich diese Leute eigentlich an? Sie leiden nicht unter der Rassentrennung, sie sind auf der sicheren Seite. Er selbst und Shuttlesworth hingegen arbeiten tagtäglich unter Einsatz ihres Lebens. Und sie wissen aus eigener Erfahrung, was Segregation für die Schwarzen bedeutet. Was haben diese Herren je riskiert, um den rassistischen Status quo zu ändern und das moralisch und menschlich Gebotene endlich vom Himmel auf die Erde zu holen? Sogar ihre eigenen Kirchengemeinden sind *whites only*. Kurz: Ihre Kritik ist wohlfeil.

Zu seinem Ärger gesellt sich indes rasch wieder die Sorge um die Bewegung, auf die er aus dem Gefängnis nicht einwirken kann. Wie kann er in Birmingham Erfolg haben, wenn selbst die gemäßigteren weißen Geistlichen sich auf diese Weise gegen ihn stellen? Welchen Widerhall wird die Erklärung unter den zögerlichen schwarzen Pastoren finden? Nimmt man sie außerhalb der Stadt wahr?

Mit den zurückkehrenden Depressionen legt King die Zeitung erst einmal beiseite.

Kapitel 5

Wie alles begann

Der 15-jährige Highschool-Schüler saß neben seinem Lehrer in einem Bus, der im Frühjahr 1944 die 130 Meilen lange Strecke von Dublin nach Atlanta fuhr. Er hatte, wie alle Schwarzen im amerikanischen Süden, in seiner Kindheit einschlägige Erfahrungen mit der Rassentrennung gemacht. Daher wusste er, dass er nur die minderwertigen Einrichtungen nutzen durfte, die mit dem Schild „Für Farbige" gekennzeichnet waren. Als er eingeschult wurde, hatte ihm die Mutter seines besten Freundes, der weiß war, mitgeteilt, dass er künftig nicht mehr zu Besuch kommen sollte. Man hatte ihn „Nigger" geschimpft. Und er hatte gesehen, wie der Ku-Klux-Klan durch den schwarzen Stadtteil Atlantas fuhr und, was noch schwerer wog, wie weiße Polizisten willkürlich Schwarze misshandelten.

Jetzt aber befand sich der Junge auf dem Rückweg von einem Vortragswettbewerb zum Thema „Der Neger und die Verfassung", den er als Zweitplatzierter abgeschlossen hatte. Natürlich hätte er gerne gewonnen, aber auch angesichts des zweiten Platzes erschien ihm ein bisschen Stolz nicht unangemessen.

Irgendwann waren sämtliche Sitzplätze besetzt. Als weitere Fahrgäste zustiegen, wandte sich der Busfahrer an den Lehrer und seinen Schüler mit der Aufforderung, ihre Plätze freizumachen. Der Lehrer stand auf, aber der Junge tat so, als hätte er die Aufforderung nicht gehört, und blieb sitzen.

Der Busfahrer wurde energischer: „Hey, ich meine dich. Steh auf und lass diese Leute sitzen."

Der Junge blieb sitzen.

„Beweg dich oder ich rufe die Polizei, du schwarzer Hurensohn!“

Der Junge saß immer noch. Nur das Flehen seines Lehrers veranlasste ihn schließlich doch noch, seinen Sitzplatz zu räumen. Anschließend blieb ihm nichts anderes übrig, als hinten im Bus zu stehen, den ganzen, neunzig Meilen langen Rest der Fahrt. Gerade noch hatte er seinen Vortrag auf dem Wettbewerb damit beendet, dass er sich auf den Tag freue, wenn sein „Bruder schwärzester Hautfarbe“ neben Weißen stehen würde – „ein Neger – und doch ein Mann“. Der Zwischenfall im Bus bestätigte ihm schlagartig: Für „die Neger“ galt die Verfassung nicht.

Martin Luther King, der Highschool-Schüler, blieb nach außen ruhig, aber innerlich schäumte er vor Wut: „Diese Nacht werde ich niemals vergessen. In meinem ganzen Leben bin ich nicht so wütend gewesen.“ Er sei, so King später, zu dieser Zeit einem allgemeinen „Groll gegen alle Weißen gefährlich nah“ gekommen.

Elf Jahre später, am 1. Dezember 1955, fuhr eine schwarze Schneiderin in der Stadt Montgomery mit dem Bus von der Arbeit in der Änderungsschneiderei nach Hause. Der Bus war voll, es waren keine Sitzplätze mehr frei. Einer der weißen Fahrgäste stand bereits im Gang. Als der Busfahrer dies sah, forderte er die Schneiderin und drei weitere schwarze Fahrgäste auf, ihre Plätze zu räumen. Alle vier blieben sitzen. Als der Fahrer anfing zu drohen, erhoben sich die drei anderen von ihren Sitzen. Die Schneiderin aber rührte sich nicht. Sie blieb cool, denn es war nicht das erste Mal, dass sie einer solchen Aufforderung nicht Folge leistete. Selbst als der Busfahrer ihr schließlich mit der Polizei drohte, blieb sie sitzen, bis sie an der nächsten Haltestelle verhaftet wurde.

Rosa Parks war keineswegs die erste Person, die sich einer solchen Anordnung widersetzte, bis sie abgeführt wurde. Im Gegenteil, im Süden passierte dergleichen beinahe täglich. Allein in Montgomery hatte es im selben Jahr mehrere ähnliche Vorfälle gegeben. Aber dieser 1. Dezember 1955 war dennoch ein besonderer Tag. Mit Rosa Parks' Entscheidung, ihren Sitzplatz nicht für einen später zugestiegenen Fahrgast weißer Hautfarbe zu räumen, sollte der organisierte, breite Widerstand gegen die gesetzliche Rassentrennung beginnen, die die öffentlichen Einrichtungen im Süden der USA beherrschte.

Im Gefängnis wurde Parks ein Anruf bei ihrer Mutter gestattet. Die wiederum wandte sich voller Sorge an Edgar Daniel – genannt E.D. – Nixon. Nixon genoss unter den Afroamerikanern in Montgomery hohes Ansehen. Früher war er Vorsitzender der lokalen NAACP und der *Montgomery Voters League* gewesen. Vor allem aber war der einfache Mann Gewerkschafter und in dieser Eigenschaft langjähriger Kopf der lokalen *Brotherhood of Sleeping Car Porters*, der Gewerkschaft der Gepäckträger und Servicebediensteten in Nachtzügen. Weil dieser Beruf als „schwarzer Job" galt und die Eisenbahnergewerkschaften Schwarze über Rassenklauseln von der Mitgliedschaft ausschlossen, hatte der Sozialist A. Philipp Randolph 1925 die rein afroamerikanische Gewerkschaft gegründet. In den 1930er Jahren hatte diese es dann geschafft, sowohl Tarifverträge mit dem Betreiberunternehmen Pullman als auch die Aufnahme in den Gewerkschaftsdachverband *American Federation of Labor* (AFL) durchzusetzen. Seitdem war der kämpferische Randolph die gewichtigste Stimme der Schwarzen in diesem Dachverband. Und es war Randolph, der Präsident Roosevelt 1941 mit seiner Drohung, einen großen „Marsch nach Washington" zu organisieren, zur

Executive Order 8802 bewegte, mit der die Rassendiskriminierung in den Bundesbehörden und kriegswichtigen Unternehmen aufgehoben wurde.

Als Frau Parks E.D. Nixon anrief, war dieser nicht zu Hause. Stattdessen nahm seine Frau den Anruf entgegen. Anschließend rief sie ihren Mann in seinem kleinen Gewerkschaftsbüro an. Irritierenderweise freute sich E.D. Nixon, als er von Rosa Parks' Verhaftung erfuhr. Denn er kannte Parks seit Langem als seriöse, in der NAACP politisch engagierte Frau und regelmäßige Kirchgängerin. Weil Nixon schon längere Zeit nach einem „Fall" suchte, der sich zur Mobilisierung der Afroamerikaner gegen die Rassendiskriminierung in den Bussen eignete, wusste er sofort: „Wir haben ihn! Wir haben unseren Fall!"

Gemeinsam mit dem Anwalt Clifford Durr ging er ins Gefängnis, hinterlegte die Kaution und brachte Rosa Parks nach Hause. Dort fragte er sie, ob sie bereit sei, den Fall vor Gericht zu bringen. Daraufhin sprach Parks mit ihrem Mann, der entschieden dagegen war. „Die Weißen werden dich umbringen, Rosa", sagte er. Dennoch willigte die mutige Frau ein. Wenn Nixon das für eine sinnvolle Sache hielte, stehe sie gerne dafür bereit.

Inzwischen war die Nachricht des Vorfalls auch zum Anwalt Fred Gray durchgedrungen, den Nixon nicht hatte erreichen können. Sofort rief Gray bei Jo Ann Robinson an, einer Professorin für Englisch am Alabama State College, die dem örtlichen *Women's Political Council* vorstand, das wiederum Teil eines von Martin Luther King an seiner Dexter Avenue Baptist Church gegründeten „Komitees für soziale und politische Angelegenheiten" war. Auch wenn Robinson persönlich selten den Bus nahm, weil sie als Professorin ein eigenes Auto

Rosa Parks (mit Julian Bond) bei der Einweihung des Denkmals für die Opfer des Kampfes der Bürgerrechtsbewegung, Montgomery, 5. November 1989

besaß, war sie sofort Feuer und Flamme und rief ihre Mitstreiterinnen aus dem *Council* an. Die Frauen verabredeten sich für dieselbe Nacht, um ein Protestschreiben aufzusetzen, das sie anschließend heimlich in der Hochschule kopierten und in den schwarzen Stadtvierteln verteilten. Der Handzettel

Das Denkmal am „Southern Poverty Law Center"

gipfelte in der Aufforderung, „am Montag aus Protest gegen die Inhaftierung und den Prozess [von Rosa Parks] den Bussen fernzubleiben". Mit dieser nächtlichen Arbeit der couragierten Frauen begann der organisierte Busboykott. Er sollte zunächst nur einen Tag dauern, bevor man auf einer abendlichen Massenversammlung über seine Fortsetzung befinden wollte.

King selbst zögerte anfangs, ob er sich in dieser Sache engagieren sollte. Als E.D. Nixon ihn telefonisch informierte und um Unterstützung ersuchte, bat er sich Bedenkzeit aus. Anschließend telefonierte er mit Ralph Abernathy, dem Pastor der First Baptist Church, den er bereits kennengelernt hatte, als er im Januar 1954 nach Montgomery gekommen war, um im Rahmen seiner Bewerbung als Pastor eine „Probe-

Predigt" zu halten. Gleich am ersten Abend, noch vor der Predigt am darauf folgenden Tag, war er von den Abernathys spontan zum Essen eingeladen worden. Martin und Ralph verstanden sich auf Anhieb. Abernathy klärte ihn über Montgomerys Kirchengemeinden auf und witzelte, in seiner eigenen Kirche wollten die Leute, dass er über Jesus predige, in der Dexter Avenue Baptist Church aber, die vor allem von Schwarzen in vergleichsweise gehobener sozialer Stellung besucht wurde, wollten sie Predigten über Sokrates und Platon hören. „Und wenn du Jesus erwähnen *musst*, möchten sie am liebsten, dass du es so leise und kurz wie möglich tust."

Abernathy wurde Kings erster und bester Freund vor Ort und Ratgeber in allen Belangen. Er wirkte bei praktisch allen wichtigen Angelegenheiten, und in der SCLC auch offiziell, als sein Stellvertreter.

In dem Telefonat, das auf Nixons Anruf folgte, drängte Abernathy seinen Kollegen, an der internen Versammlung der Schwarzenführer teilzunehmen, die am kommenden Tag stattfinden sollte. King willigte ein. Solange er keine Führungsrolle übernehmen müsse, sei er dabei.

Am Montagmorgen begann der Boykott verheißungsvoll. Während King Kaffee trank, stand seine Frau am Fenster, um zu sehen, ob die Afroamerikaner den Boykott befolgten. Tatsächlich war der erste Bus, der vorbeifuhr, leer. Und der nächste auch! Rasch zeichnete sich ab, dass der Erfolg der eintägigen Aktion durchschlagend war. Überall blieben die Busse weitgehend oder ganz leer. Dies veränderte Kings Einstellung schlagartig. Nunmehr war er überaus gewillt, die Aktion zu unterstützen. Sein Antrieb verstärkte sich noch, als er am Vormittag feststellte, dass mehrere hundert Afroamerikaner Rosa Parks zum Gerichtsgebäude begleiteten.

Am Nachmittag trafen sich rund vier Dutzend Führer von Montgomerys schwarzer Bevölkerung in Kings Dexter Avenue Baptist Church, die mitten in der Innenstadt lag, ganz in der Nähe des ehemaligen Sklavenmarktes und nur einen Steinwurf entfernt vom ersten „Weißen Haus" der „Konföderierten Staaten von Amerika" (in dem deren Präsident, Jefferson Davis, einst seinen Amtseid ablegt hatte). Martin Luther King, der erst seit gut einem Jahr das Amt des Pastors der Kirche innehatte, war nicht unter den Anwesenden, als das Treffen begann. Es nahm keinen guten Verlauf; zu sehr waren die Repräsentanten untereinander zerstritten. Zudem wollten manche gar im Geheimen agieren. Schließlich ergriff ein sichtlich verärgerter E.D. Nixon das Wort. „Glaubt ihr ernsthaft, einen Busboykott im Geheimen organisieren zu können?", fragte er zornig und drohte, die Feigheit der Pastoren am Abend, auf der Massenversammlung, öffentlich zu machen. Es ginge nicht an, führte Nixon aus, dass Frauen wie Rosa Parks die ganze Last trügen, während die Pastoren sich untätig „wie kleine Jungs" verhielten. „Wenn wir Männer sein wollen, ist jetzt die Zeit dafür", schloss er seine Brandrede.

Gegen Ende von Nixons Wortmeldung war King verspätet doch noch eingetroffen. „Bruder Nixon, ich bin kein Feigling. Ich möchte nicht, dass mich irgendjemand einen Feigling nennt", sagte er ruhig. Er plädierte dafür, dass alle Anführer des Boykotts offen, unter ihren richtigen Namen auftreten sollten.

Prompt schlug jemand aus der Runde King für das Amt des Vorsitzenden der neu zu schaffenden Boykottorganisation vor. Nach einer kurzen Diskussion, während der kein weiterer Kandidat genannt wurde, stimmte die Versammlung dem Vorschlag zu, und King, der es erst kurz zuvor abgelehnt hatte, den Vorsitz der örtlichen NAACP zu übernehmen, willigte ein.

Später wird er sagen: „Wenn ich Zeit gehabt hätte, es zu durchdenken, hätte ich die Nominierung abgelehnt." Es wird auch unterschiedliche Darstellungen darüber geben, wie King in dieses Amt gelangte. Manche meinten, er wäre nur gewählt worden, weil er als neuer Pastor im Ort noch keine echten Gegner hatte. Andere vermuteten, dass keiner der anderen Anwesenden eigene Ambitionen auf den Posten hatte, weil sie mehr Ärger und Gefahr darin sahen als Ruhm. Wieder andere verwiesen jedoch darauf, dass seine herausragenden Fähigkeiten ihn in besonderem Maße qualifizierten.

Wie dem auch sei, King war gewählt als Vorsitzender der Organisation, deren Namen man erst im Anschluss an die Wahl mit *Montgomery Improvement Organization* (MIA) festlegte.

Als Vorsitzender der MIA war King gehalten, bereits am Abend auf der Massenversammlung in der Holt Street Baptist Church über die für den folgenden Tag geplante Fortsetzung des Boykotts zu sprechen. Er hatte zwar nur wenige Minuten Zeit zur Vorbereitung, aber er konnte sich darauf verlassen, dass er eines kann: reden. Jahrelang hatte er den unterschiedlichsten Predigern in der väterlichen Ebenezer Baptist Church in Atlanta gelauscht, hatte sie in seinem Zimmer imitiert und auch später im Priesterseminar stundenlang vor dem Spiegel die unterschiedlichen Predigt-Techniken geübt. Jetzt war er zwar nervös, doch bereit für seine erste große Herausforderung.

Als King sich der Kirche näherte, traute er seinen Augen nicht. Tausende hatten sich um das Kirchgebäude herum versammelt; Lautsprecher wurden aufgestellt, damit alle der Versammlung beiwohnen konnten. Drinnen war es zum Bersten voll. Nur ein einziger Weißer – Robert Graetz, der Pastor der schwarzen Gemeinde, der auch Rosa Parks angehörte – war zugegen, als Martin Luther King zu seiner ersten politischen Rede nach vorne schritt. Nur wenige der Anwesenden hatten ihn zuvor predigen gehört, aber keiner würde diese Rede jemals vergessen.

„Wir sind heute Abend hier wegen einer ernsten Angelegenheit. Wir sind, allgemein gesprochen, vor allem deshalb hier, weil wir amerikanische Bürger und weil wir entschlossen sind, unsere Bürgerschaft ihrer vollständigen Bedeutung zuzuführen", begann King mit ruhiger Stimme. Er würdigte die amerikanische Demokratie und fuhr fort: „Diese Situation ist alles andere als neu. Das Problem besteht bereits seit unzähligen Jahren. Bereits seit vielen Jahren werden die Neger in Montgomery und so vielen anderen Distrikten in den Bussen unserer Gemeinde lähmender Angst ausgesetzt. Die Neger werden bei so vielen Gelegenheiten eingeschüchtert und erniedrigt und unterdrückt, und zwar einzig und allein aus dem Grund, dass sie Neger sind."

Nachdem er den „Fall Rosa Parks" dargestellt hatte, erhob sich seine Stimme: „Ihr wisst, meine Freunde, es kommt die Zeit, wo die Menschen es satthaben, dass auf ihnen mit den eisernen Füßen der Unterdrückung herumgetrampelt wird." Tosender Applaus zwang ihn innezuhalten, bevor er fortfuhr: „Es kommt eine Zeit, meine Freunde, wo die Menschen es satthaben, über den Abgrund der Erniedrigung geschleudert zu werden, wo sie die Trostlosigkeit quälender Verzweiflung durchleben. Es kommt eine Zeit, wo die Menschen es satthaben, aus dem glitzernden Sonnenlicht des Lebenssommers gestoßen und inmitten der schneidenden Kälte eines alpinen Winters stehen gelassen zu werden."

Nun kannte der Applaus keine Grenzen, die Welle aus Klatschen, Fußtrampeln, Zwischenrufen riss nicht ab. King betonte den Umstand, dass es sich um einen Protest von Christen handele, der der Gewaltfreiheit verpflichtet sei – im Gegensatz zu den weißen Terrorgruppen. Dann erhob sich seine Bariton-Stimme erneut zum Crescendo: „Und wir haben kein Unrecht, wir haben kein Unrecht mit dem, was wir tun. Wenn wir Unrecht haben, dann hat der Oberste Gerichtshof dieses Landes Unrecht. Wenn wir Unrecht haben, hat die Verfassung der Vereinigten Staaten Unrecht. Wenn wir Unrecht haben, hat der allmächtige Gott Unrecht. Wenn wir Unrecht haben, war Jesus von Nazareth bloß ein utopischer Träumer und ist niemals auf die Erde heruntergekommen. Wenn wir Unrecht haben, ist Gerechtigkeit eine Lüge. Und wir sind entschlossen, hier in Montgomery zu arbeiten und zu kämpfen, bis das Recht wie Wasser fließt und Gerechtigkeit wie ein mächtiger Strom." Jetzt bebte die gesamte Kirche.

King erinnerte noch einmal an die Macht der Liebe und des gewaltfreien Protests, bevor er sagte: „Hier in Montgomery, wenn die Geschichtsbücher der Zukunft geschrieben werden, wird jemand sagen: ‚Dort lebte [...] ein schwarzes Volk [...], das den moralischen Mut hatte, für seine Rechte aufzustehen. Und dadurch injizierte es einen neuen Sinn in die Venen der Geschichte und der Zivilisation.' Und genau das werden wir tun. Gebe Gott, dass wir es tun werden, bevor es zu spät ist."

Als King vom Podium zurücktrat, herrschte zunächst sekundenlange Stille. Dann brach ein Orkan los. Der junge Pastor hatte sich mit seiner Rede unwiderruflich zu einer Person des öffentlichen Lebens gemacht – wenn auch vorerst nur in Montgomery.

Kapitel 6
Der Busboykott

Nach dieser grandiosen Ouvertüre beschlossen die in der Holt Street Baptist Church Versammelten, den Boykott auf unbefristete Zeit zu verlängern. Dabei war ihr Forderungskatalog zunächst alles andere als revolutionär. Man einigte sich auf drei Punkte: Erstens sollten die Busfahrer zuvorkommender sein. Zweitens forderte man für vier Stadtbuslinien, die überwiegend von Schwarzen genutzt wurden, die Einstellung schwarzer Fahrer. Und drittens sollten sich die Fahrgäste in den Bussen hinsetzen dürfen, solange noch Plätze frei waren – die Schwarzen von hinten nach vorne, die Weißen umgekehrt –, und kein Schwarzer sollte seinen Platz mehr für einen später zugestiegenen Weißen räumen müssen.

Die Protestierenden verlangten also lediglich das, was auch in vielen anderen Städten des Südens üblich war, und gingen nicht über den Rahmen der Rassentrennung selbst hinaus. Der Vorsitzende der NAACP, Roy Wilkins, lehnte es deshalb anfangs sogar ab, die Boykotteure zu unterstützen, weil sie „nur für eine höflichere Form der Rassentrennung" einträten.

Schon nach drei Tagen kam es zu einer ersten Verhandlungsrunde mit Vertretern des Busunternehmens. Dort erklärte der Anwalt des Unternehmens die MIA-Forderungen für illegal. (Später sollte er eingestehen, er sei dagegen gewesen, weil der Plan bedeutete, dass schwarze Männer und weiße Frauen „praktisch ihre Knie reiben" könnten – die massive Angst vor der imaginierten sexuellen Potenz des schwarzen Mannes war eine wesentliche Triebfeder der Rassentrennung.) Auch die zweite Verhandlungsrunde brachte wenig später, trotz der bescheidenen Forderungen der MIA, keine Ergebnisse.

Das Busunternehmen und die Vertreter der Stadt waren nicht zum Einlenken bereit, weil sie den Afroamerikanern keinen Erfolg zubilligen wollten – gerade angesichts der Entscheidung des Obersten Gerichtshofs aus dem Vorjahr, gegen die sich nur drei Monate nach Beginn des Boykotts 101 Kongressabgeordnete aus den südöstlichen Bundesstaaten in einem „Southern Manifesto" aussprechen sollten. Der Bürgermeister, William A. Gayle, ließ deshalb keinen Zweifel an seiner Entschlossenheit aufkommen: „Die Weißen bleiben fest davon überzeugt, dass es sie nicht interessiert, ob die Neger jemals wieder einen Stadtbus nutzen, auch wenn dies bedeuten sollte, dass dadurch das soziale Gefüge unseres Gemeinwesens zerstört wird."

King war von diesem Verlauf der Verhandlungen enttäuscht. Vielleicht hatte er erwartet, dass aufseiten der Weißen auch Liberale an den Verhandlungen teilnehmen würden. Stattdessen musste er erkennen, dass die Weißen tatsächlich glaubten, die Segregation in den Bussen habe keine moralische Dimension. Sie waren vielmehr der festen Überzeugung, die Moral sei in dieser Frage neutral und der White Citizens' Council „mehr oder weniger das natürliche Gegenstück zur MIA".

Dennoch setzten Montgomerys Schwarze, die rund 40 Prozent der 120 000 Einwohner der Stadt ausmachten, den Boykott der Buslinien entschlossen fort. Zwar gab es innerhalb der MIA anfangs nervende, unproduktive Sitzungen, auf denen man absurde Details der Praxistauglichkeit der eigenen Vorschläge diskutierte. (Ein Beispiel: Wenn zehn Schwarze einen vollen Bus von ihren verstreut liegenden Sitzen verließen und zehn Weiße zustiegen, wo sollten diese dann sitzen?) Aber endlose Debatten über unwesentliche Details sind nun einmal typisch für – zumal junge – soziale Bewegungen. Zudem besserte sich die Lage im Verlauf des Boykotts.

Nach dem Scheitern der ersten Verhandlungsrunde war indes absehbar, dass etwas geschehen musste, um die ungeheure tägliche Belastung zu mildern, der sich die Boykotteure aussetzten. Denn die Masse der Afroamerikaner benötigte die Busse, insbesondere mit Blick auf den oft etliche Meilen langen Weg zur täglichen Arbeit. Die MIA verlegte sich zunächst darauf, Taxifahrer dafür zu gewinnen, eine Fahrt für 10 Cent (die Kosten einer Busfahrkarte) statt für die üblichen 45 Cent anzubieten. Als die Stadt damit drohte, die Taxifahrer gerichtlich zu belangen, kontaktierte King Pastor Theodore Jemison, der zwei Jahre zuvor einen zehntägigen Busboykott in Baton Rouge/Louisiana organisiert hatte. Jemison empfahl die Einrichtung kostenloser Fahrgemeinschaften nach dem dortigen Modell *Operation Free Lift*. Die MIA folgte seinem Rat; zur Hochzeit fuhren auf diese Weise bis zu 200 Freiwillige rund 20 000 Menschen zu über vierzig Stationen in der Stadt. Die Fahrgemeinschaften waren auch deshalb von besonderer Bedeutung, weil hier die wenigen bessergestellten Schwarzen, die ein Auto besaßen, der Masse der armen tatsächlich zur Hilfe kamen; es entwickelte sich also ein klassenübergreifender Protest.

King und seine Mitstreiter waren begeistert von der Einsatzbereitschaft der Schwarzen. Von den wenigen Weißen ohne Auto abgesehen, nutzte kaum jemand die städtischen Buslinien. Geradezu legendär für die immense Opferbereitschaft wurde die – von King immer wieder, auch in Birmingham, zitierte – 72-jährige Mother Pollard. Als eine der Fahrgemeinschaften sie gebeugt auf dem Gehweg laufen sah, hielt der Fahrer an und bot ihr die Mitfahrt an. Die stolze alte Frau lehnte mit den Worten ab: „Meine Seele ist lange Zeit müde gewesen; jetzt sind meine Füße müde, aber meine Seele ist ausgeruht."

Am 19. Januar eröffnete dann die Zeitung *Montgomery Adviser* unter der Schlagzeile „Pastor King ist der Boss des Boykotts" eine Schmutzkampagne gegen den MIA-Vorsitzenden, deren Ursprung auf Bürgermeister Gayle zurückging. Im Fernsehen hatte er erklärt, gemeinsam mit den drei Beauftragten der Stadt dem White Citizens' Council beigetreten zu sein. Jetzt wollte man offensichtlich mit harter Hand durchgreifen.

In der Folge kam es immer öfter zu Schikanen schwarzer Autofahrer durch die Polizei. Es gab unendlich langwierige Kontrollen und Strafzettel für alles und jeden. Jo Ann Robinson beispielsweise erhielt in kurzer Zeit 17 Strafzettel – manche für Geschwindigkeitsübertretung, andere für -unterschreitung. King selbst wurde im Januar mit der Begründung, er habe die Geschwindigkeitsbegrenzung geringfügig übertreten, sogar erstmalig in Haft genommen.

Für King bedeutete die verschärfte Haltung der Stadtoberen, dass er von nun an mit der Gefahr permanenter Todesdrohungen lebte. Der Bombenanschlag auf sein Haus und ein *drive-by shooting*, bei dem Schüsse auf die Haustür abgefeuert wurden, sollten erst der Anfang sein. Auch andere Aktivisten lebten gefährlich, denn die weißen Terrorgruppen weiteten ihre Anschläge – beginnend mit E.D. Nixon – bald auf andere Führungspersonen der MIA aus.

King selbst fürchtete die Gefahr seit seiner „Vision in der Küche", zumindest vorübergehend, weniger stark als zuvor.

„Seit jenem Morgen stehe ich ohne Angst auf", erklärte er auf einer Massenversammlung Ende Januar. „Sagt Montgomery, sie können mit der Schießerei fortfahren, und ich werde ihnen die Stirn bieten. Sagt Montgomery, sie können mit den Bombenanschlägen fortfahren, und ich werde ihnen die Stirn bieten. Wenn ich morgen sterben muss, werde ich es fröhlich tun, denn ich bin auf dem Gipfel des Berges gewesen und habe das Gelobte Land gesehen, und es wird hier in Montgomery sein!"

Am nächsten Tag ging man in die Offensive. Gemeinsam mit der NAACP reichte die MIA vor dem Bundesgericht eine Klage ein. (Die NAACP wurde hinzugezogen, weil sie über die nötige juristische Expertise verfügte. Dennoch geriet King mit ihrer Führung über die Taktik des Massenboykotts in Konflikt, die von der NAACP abgelehnt wurde, weil deren strikt legalistischer Kurs keine Massenaktionen vorsah.) Die Klage richtete sich mit der Begründung gegen die Rassentrennung in Bussen, sie verstieße gegen den 14. Verfassungszusatz. Dieses *Fourteenth Amendment* war unmittelbar nach dem Bürgerkrieg verabschiedet worden, um die rechtliche Gleichbehandlung der gerade erst freigelassenen Schwarzen sicherzustellen. Als Kläger, die einen gerichtsfesten Grund zur Beschwerde hatten und sich auch zu klagen trauten, traten fünf Frauen auf.

Als Reaktion auf diesen Schritt, den Streit auf die Bundesebene auszuweiten, versammelten sich am 10. Februar 12 000 Weiße zu einer Veranstaltung des White Citizens' Council, bei der die gesamte politische Führungsspitze der Stadt auftrat. Nur wenige Tage zuvor hatten weiße Studenten an der University of Alabama randaliert anlässlich der Tatsache, dass die erste schwarze Studentin gerichtlich ihre Zulassung zur Hochschule erstritten hatte. Die Reaktion der Universitätsleitung: Sie bestrafte nicht die Randalierer, sondern schloss die junge Studentin mit der Begründung vom Hochschulbetrieb aus, dass ihre Sicherheit nicht gewährleistet werden könne.

Auch juristisch wurde die Stadt aktiv, indem sie ein lokales Geschworenengericht dazu veranlasste, King und 89 weitere Aktivisten (darunter 24 Pastoren und alle Fahrer der Fahrgemeinschaften) auf der Basis eines fast vergessenen Antigewerkschaftsgesetzes von 1921 anzuklagen. Der Boykott, so die Begründung der Anklage, stelle eine „Verschwörung" zur Einschränkung der Geschäftsfreiheit des Busunternehmens dar.

Die Hoffnung, dass dieser Schritt den Widerstand brechen würde, erwies sich jedoch als verfehlt. Im Gegenteil: Die Anklage einte und ermutigte die Basis der Bewegung. Tausende stimmten auf einer Massenversammlung gegen die Annahme eines aus der Geschäftswelt unterbreiteten Kompromissvorschlags und für die Fortsetzung des Boykotts. Als Erster der Angeklagten marschierte wenig später E.D. Nixon zum Gericht, wo er sich breit grinsend mit den Worten „Suchen Sie mich? Also hier bin ich" vorstellte. Man fotografierte ihn und nahm seine Fingerabdrücke, woraufhin er die geforderte Kaution hinterlegte und wieder abmarschierte. Nach und nach erschienen auf diese Weise auch die anderen Angeklagten im Gerichtsgebäude. Die fröhliche, zuversichtliche Atmosphäre und der Beifall einer wachsenden Menge Unterstützer demonstrierten, dass hier etwas Unerhörtes geschah: Die Schwarzen legten ihre Furcht vor dem Gefängnis ab. Die Anklage ging offensichtlich nach hinten los.

Dies bestätigte auch die anschließend von Tausenden Menschen besuchte Massenversammlung in der First Baptist Church (und um sie herum), auf der die Angeklagten mit

Ovationen begrüßt wurden. Durch die Gewalt der weißen Rassisten und den Prozess gegen die MIA-Aktivisten waren inzwischen auch die nationale Presse und das Fernsehen auf Montgomery aufmerksam geworden. Vor surrenden Fernsehkameras sprach Martin Luther King mit dem für ihn typischen, fast singenden Rhythmus: „Wir kämpfen nicht nur für das Recht der Neger, sondern für das aller Menschen in Montgomery, schwarz und weiß. Wir sind entschlossen, Amerika zu einem besseren Ort für alle Menschen zu machen." Er erläuterte das – von Hannah Arendt politikwissenschaftlich begründete – „Recht auf Protest für Recht". Es handele sich nicht um einen Kampf zwischen Schwarzen und Weißen, „sondern um einen Konflikt zwischen Recht und Unrecht". Zum Abschluss der an religiösen Metaphern reichen Rede bekräftigte er das Prinzip der Feindesliebe: „Auch wenn man uns jeden Tag inhaftiert, wenn man jeden Tag auf uns herumtrampelt, lasst euch niemals so weit herunterziehen, dass ihr sie hasst. Wir müssen die Waffe der Liebe gebrauchen. Wir müssen Mitgefühl und Verständnis haben für diejenigen, die uns hassen."

Die große Medienpräsenz rückte die der Rassentrennung innewohnende Ungerechtigkeit ins Licht einer breiten Öffentlichkeit und katapultierte ihren Anführer schlagartig in den Rang einer nationalen Führungspersönlichkeit der Afroamerikaner. Sein Eintreten für gewaltlosen Widerstand führte zugleich dazu, dass erfahrenere Aktivisten aus anderen Landesteilen Montgomery aufsuchten, um ihre Unterstützung anzubieten.

Zuerst kam der „Gandhiist" Bayard Rustin. Er arbeitete für den Gewerkschaftsführer Randolph und hatte unter anderem 1942 den *Congress of Racial Equality* (CORE) mit gegründet, der die auch im Norden präsente, wenngleich nicht gesetzlich festgeschriebene Rassentrennung in öffentlichen Einrichtungen durch gewaltfreie direkte Aktion bekämpfte. Im Zweiten Weltkrieg hatte er als Kriegsdienstverweigerer über zwei Jahre im Gefängnis gesessen. Nach dem Krieg weitete er seine Aktivitäten auch auf die internationale Ebene aus; so arbeitete er mit Gandhis indischer Kongresspartei, afrikanischen Antikolonialisten und Kriegsgegnern in verschiedenen Ländern.

Als Jugendlicher war Rustin eine Zeit lang auch Mitglied der Jugendorganisation der KPUSA gewesen. Da seine Homosexualität ebenfalls bekannt war, erschien den meisten MIA-Anführern seine öffentliche Mitwirkung als zu großes Risiko – abgesehen von dem Umstand, dass die meisten Pastoren Homosexualität ohnehin als Sünde betrachteten. Schon eines von beiden – Kommunist oder Homosexueller – zu sein, war in den 1950er Jahren als Person des öffentlichen Lebens (und keineswegs nur in den Vereinigten Staaten) schlicht unmöglich; von beidem zusammen ganz zu schweigen. King jedoch hielt und intensivierte den Kontakt zu Rustin, der in den folgenden Jahren einer seiner wichtigsten Mitstreiter werden sollte.

Nur wenig später traf Glenn Smiley in Montgomery ein. Als weißer Pastor aus Texas, der für das *Fellowship of Reconciliation* tätig war, verfügte auch dieser Aktivist der Gewaltlosigkeit über gute Verbindungen zu Randolph und James Farmer, dem Vorsitzenden von CORE. Bald war Smiley dafür zuständig, auf den Massenversammlungen der Bewegung die Methode des gewaltfreien Widerstands zu erläutern. Vor allem aber organisierte er Workshops über zivilen Ungehorsam, um die Boykotteure auf den gewaltfreien Umgang mit staatlicher Gewalt vorzubereiten.

Rustin und Smiley waren anfangs überrascht, wie wenig King über Gandhi wusste – er hatte sich nur während seines Studiums oberflächlich mit ihm befasst. Auch war er zu diesem Zeitpunkt noch keineswegs der überzeugte Anhänger eines bedingungslosen Pazifismus, als der er berühmt werden sollte. Von diesen beiden Männern lernte King Gandhis Methode der *Satyagraha*, die für die Veränderung der Gesellschaft – und, in Indien, vor allem für das Ende des britischen Kolonialismus – auf unbedingte Gewaltlosigkeit und Leidensbereitschaft der Aktivisten setzte. Dabei stellte King fest, dass Gandhi gut zu den personalistischen Philosophien passte, die er in seiner Studienzeit schätzen gelernt hatte. Er übernahm Gandhis Methode, die ihm auch aus pragmatischen Gründen sinnvoll erschien, und entwickelte hieraus, mit Unterstützung insbesondere von Rustin, ein spezifisch afroamerikanisches Konzept des Widerstands, indem er drei Ansätze miteinander verknüpfte: Jesu Aufforderung zur Feindesliebe, Henry David Thoreaus Plädoyer für zivilen Ungehorsam und Randolphs Taktik massiver Protestdemonstrationen.

Von nun an würde King sich in der Öffentlichkeit verstärkt auf „den kleinen braunen Mann aus Indien" beziehen, wobei er die Taktik der Gewaltlosigkeit mit dem Idealismus und der Leidenschaft der schwarzen Kirche unterlegte. „Ich gelangte zu Gandhi über Jesus", erklärte er. Und: „Wir werden eurer physischen Macht mit der Macht der Seele begegnen."

Im Frühjahr 1956 lernte King einen weiteren Mann kennen, der in seinem Leben künftig eine wichtige Rolle spielen sollte. Um finanzielle Unterstützung für den Boykott zu sammeln, hatte Rustin ihm empfohlen, sich an die frisch gegründete Organisation *In Friendship* zu wenden, die unter Randolphs Vorsitz Geld sammelte, um den Kampf gegen die Rassentrennung im Süden zu unterstützen. Die Idee hierfür war von Rustin und Ella Baker ausgegangen, einer NAACP-Funktionärin, die – wie so viele Aktivisten – zunehmend unzufrieden war mit dem strikt legalistischen Kurs und der praktisch-politischen Enthaltsamkeit der Vereinigung. Im Zusammenhang mit *In Friendship* stellte Rustin King dann auch Stanley Levison vor, einen reichen Anwalt, der gerüchteweise auch als Fundraiser für kommunistische Vorfeldorganisationen tätig war. Levison sollte bald, wie Rustin, sein Ghostwriter und darüber hinaus der beste seiner weißen Freunde werden, mit dem er nächtelang über die Strategie und Taktik der Bürgerrechtsbewegung diskutierte.

In Montgomery war derweil der Gerichtsprozess gegen die Boykotteure eröffnet worden. In der Verhandlung am 19. März berichteten mehrere Zeuginnen über die schreienden Ungerechtigkeiten des Bussystems. Dabei verwies eine Frau darauf, dass ihr blinder Ehemann, der mit dem Bein in der Bustür eingeklemmt war, mehrere Blocks mitgeschleift wurde. Eine Frau erinnerte daran, dass ihr Mann sogar erschossen worden war – nur weil er sein Zehn-Cent-Stück zurückhaben wollte, als ihn der volle Bus nicht mehr mitnehmen konnte.

Dennoch wurden die Angeklagten vier Tage später wegen Verschwörung zu hohen Geldstrafen (oder ersatzweise einem Jahr Zwangsarbeit) verurteilt. Am Abend sprach King in der Holy Street Baptist Church: „Die Kräfte des Lichts werden die Kräfte der Dunkelheit besiegen“, sagte er. „Man gelangt nicht ins Gelobte Land, ohne durch die Wildnis zu gehen. Es gibt kein Wachstum ohne Schmerzen. Es gibt keine Geburt ohne Geburtswehen. Ich glaube, dass Gott Montgomery als sein Versuchsgelände erwählt hat.“

Durch die massive Medienpräsenz wurde das Gerichtsurteil von einer nationalen Öffentlichkeit wahrgenommen. In den Berichten erschien King nun immer öfter als zentrale Figur – *Jet Magazine* nannte ihn bereits „Alabamas modernen Moses".

Vor allem aber hielt der Kampfgeist der Bewegung ungebrochen an. Dies blieb auch dem Busunternehmen nicht verborgen, das sich angesichts der hohen finanziellen Verluste für ein Einlenken der Stadt starkmachte. Auch viele Ladenbesitzer beklagten fallende Umsätze und forderten weitere Verhandlungen. Doch vergeblich: Bürgermeister und Polizeichef blockierten die Initiativen und drohten dem Busunternehmen sogar damit, jeden Busfahrer, der sich nicht an die Rassentrennung hielte, in Haft zu nehmen.

Nachdem das Gericht vor Ort sich die Sache der Stadtoberen zu eigen gemacht hatte, bestätigte das Bundesgericht am 5. Juni die Klage der Boykotteure. Die Bus-Segregation stelle in der Tat eine Verletzung des 14. Zusatzartikels der Verfassung dar. Ob das Urteil in Kraft treten konnte, musste allerdings noch vom Obersten Gerichtshof der USA geprüft werden.

In der Folge verschärfte die Stadt noch einmal den Druck. Die Stadtregierung ersuchte um eine gerichtliche Verfügung gegen die Fahrgemeinschaften, da diese ein nicht lizensiertes städtisches Transportsystem darstellten, und Versicherungsgesellschaften begannen, die Policen der Fahrer zu kündigen. Die NAACP wurde im Staat Alabama gesetzlich verboten. Infolge der Neugründung einer Ortsgruppe des Ku-Klux-Klans wuchs auch die Gewalt gegen Anführer des Boykotts weiter an.

Am 13. November 1956 bestätigte das Berufungsgericht Alabamas, dass die Fahrgemeinschaften ein illegales Transportsystem darstellten. Aber bevor die Aktivisten Zeit hatten, das mögliche Ende des Boykotts zu diskutieren, erreichte sie die Nachricht vom Beschluss des Obersten Gerichtshofs in Washington, der die Rassentrennung in den Bussen für verfassungswidrig erklärte. Allerdings würde es noch ein paar Wochen dauern, bis das Urteil offiziell nach Montgomery überstellt werden würde. Das bedeutete, dass die Afroamerikaner in den folgenden Wochen nun tatsächlich laufen mussten – was sie angesichts dieses durchschlagenden Sieges leichtfüßig taten.

Am 20. Dezember erreichte das Urteil des Obersten Gerichtshofs endlich Montgomery. Am nächsten Tag fuhren die Anführer des Boykotts mit dem nicht segregierten Bus; King saß bei der Fahrt neben Smiley. Damit war der Boykott zu Ende – 382 Tage, nachdem er begonnen hatte.

Nicht beendet hingegen war der weiße Rassismus. „Ich würde lieber sterben und zur Hölle fahren, als hinter einem Nigger zu sitzen", schimpfte eine Frau, die vorn im Bus stand, obwohl im hinteren Teil noch Plätze frei waren. In den folgenden Tagen und Wochen verübten Rassisten zahlreiche Strengstoffanschläge auf Häuser und Kirchen. Die Gewaltwelle sollte ein Vorbote sein für das, was King später in Birmingham erwartete, als Monate nach der Kampagne bei einem von Mitgliedern des Ku-Klux-Klan verübten Bombenanschlag auf die 16th Street Baptist Church vier Schulmädchen starben.

Einstweilen wurden indes die Lehren aus dem Boykott gezogen. Bereits Anfang Dezember hatte die MIA eine einwöchige Konferenz hierzu veranstaltet. In seiner Grundsatzrede zur Eröffnung der Konferenz betonte King sechs Aspekte: „1. Wir haben erkannt, dass wir für eine gemeinsame Sache zusammenhalten können; 2. Unsere Führer müssen uns nicht zwangsläufig verraten; 3. Drohungen und Gewalt schüchtern diejenigen, die hinlänglich aufgerüttelt und gewaltfrei sind, nicht notwendig ein; 4. Unsere Kirche wird kämpferischer und betont das soziale Evangelium ebenso wie das Evangelium persönlichen Seelenheils; 5. Wir haben ein neues Verständnis von Würde und Vorsehung erreicht; 6. Wir haben eine neue und mächtige Waffe entdeckt – den gewaltfreien Widerstand."

Der Busboykott in Montgomery machte King über die Grenzen Alabamas, ja selbst über die Grenzen der USA hinaus berühmt. Es war ein grandioser, vollständiger Sieg, der allen Beteiligten ein hohes Maß an Mut und Opferbereitschaft abverlangt hatte. Für den 26 Jahre jungen Pastor der Dexter Avenue Baptist Church bedeutete dieser Sieg jedoch zugleich eine enorme Belastung für seine persönliche Zukunft. Einem Freund gegenüber formulierte King seine Sorge so: „Die Menschen werden nun für den Rest meines Lebens von mir erwarten, dass ich Kaninchen aus dem Hut zaubere."

Kapitel 7
Besuchszeit

Im Stadtgefängnis von Birmingham sitzt Martin Luther King zur Untätigkeit verdammt in seiner Zelle. Zwar ist die vollständige Isolation des prominenten Gefangenen bereits nach 24 Stunden aufgehoben worden. Darüber hinaus hat sich an den Haftbedingungen jedoch nichts geändert. King sitzt weiter ohne Matratze und Bettdecke ein, und außer seinen Anwälten darf ihn niemand besuchen – auch nicht seine engsten Angehörigen. Bull Connor will King auf diese Weise „weichkochen". Denn natürlich macht es auch dem in Gefängnisaufenthalten Erfahrenen sehr wohl etwas aus, dass er seine Eltern und vor allem seine Frau und vier Kinder nicht sehen darf. Und natürlich denkt er im Gefängnis oft an sie. Aber man gestattet ihm nicht einmal einen Anruf.

King ist nun bereits seit zehn Jahren verheiratet mit Coretta Scott. Es war nicht gerade eine naheliegende Verbindung, zu unterschiedlich waren Herkunft, Familie und Lebenswandel der späteren Eheleute gewesen.

Der am 15. Januar 1929 in Atlanta geborene, nach seinem Vater benannte Sohn hatte eine ältere Schwester und einen jüngeren Bruder. Seine Mutter, Alberta Williams King, war die einzige Tochter des Pastors der Ebenezer Baptist Church und damit ein Kind der kleinen schwarzen Mittelschicht, die sich auch in der Hauptstadt Georgias hinter dem Vorhang der Rassentrennung gebildet hatte. Sein Großvater, A.D. Williams, der Sohn eines Sklaven-Predigers, hatte sich seinen sozialen Aufstieg als Autodidakt hart erarbeiten müssen.

Sein Vater, Michael King, war 1899 als zweites von zehn Kindern geboren worden. Ähnlich wie sein Großvater mütterlicherseits hatte auch sein Vater eine harte Kindheit hinter sich: Als Sohn eines Alkoholikers, der als Landpächter arbeitete, verließ er bereits im Alter von vierzehn Jahren seine Familie und zog nach Atlanta. Dort arbeitete und lernte Michael King bis zum Umfallen: Tagsüber schuftete er beim Entladen der Frachtzüge auf dem Güterbahnhof, abends ging er zur Schule. Mit Erfolg: Er holte seinen Schulabschluss nach und erlernte anschließend als Autodidakt das Predigen. Jahrelang musste er um seine spätere Frau werben, bis ihr Vater der Verbindung schließlich seinen Segen erteilte. 1932 wurde Michael King dann – inmitten der Großen Depression, als zwei Drittel der schwarzen Männer arbeitslos waren – Nachfolger seines verstorbenen Schwiegervaters als Pastor der Ebenezer Baptist Church.

Michael King hatte sich durchaus an seinem Schwiegervater orientiert; auch er wurde Vorsitzender der lokalen NAACP und der *Negro Voters League*. Mit seiner direkten Art und seinem organisatorischen Geschick reorganisierte er die Kirchengemeinde. Mit durchschlagendem Erfolg: Inmitten der Weltwirtschaftskrise machte ihn seine Kirche zum bestbezahlten schwarzen Pfarrer der Stadt und schickte ihn 1934 auf eine Reise nach Europa und ins Heilige Land. Bei seinem Aufenthalt in Deutschland entdeckte er den Reformator Martin Luther für sich und änderte daraufhin nach seiner Rückkehr seinen und den Namen seines Sohnes. Von nun an hießen sie Martin Luther King – senior und junior.

Als Pfarrer hatte King senior einen großen Vorteil: Anders als die meisten Angehörigen der schwarzen Mittelschicht verfügte er über ein hohes Maß an Unabhängigkeit gegenüber den Weißen, weil er ökonomisch nicht von diesen abhing. Auch deshalb wurde seinesgleichen immer wieder in Führungspositionen gewählt, mit denen die Schwarzen ihre Angelegenheiten selbst verwalteten.

In dieser Umgebung wuchs der kleine „Mike" behütet auf. Dennoch konnte auch er von der Brutalität der Rassentrennung nicht unberührt bleiben. Im Umfeld der Kirche mochte er wie ein kleiner Prinz behandelt werden; für die meisten Weißen der Stadt blieb er gleichwohl nur ein „Nigger". Um den Verletzungen zu entgehen, die dies mit sich brachte, hatte ihm gerade seine Mutter immer wieder gesagt, er solle sich von den, wie sie meinte, zeitweiligen Verhältnissen nicht irremachen lassen: „Du bist ebenso gut wie jeder andere."

Als sich Martin Luther King und Coretta Scott kennenlernten, hatten die späteren Eheleute das College bereits hinter sich gelassen, wenngleich auf höchst unterschiedliche Art und Weise. King war im Alter von 15 Jahren am Morehouse College aufgenommen worden. Dort ging der pubertierende Jüngling, der sich von seinem autoritären Vater zu emanzipieren begann, vor allem seinen sexuellen Interessen nach.

Ab 1948 besuchte er dann, gemeinsam mit seinem besten Freund, Walter McCall, das Crozer Theological Seminary in Chester, einer Kleinstadt bei Philadelphia, wo er anfangs – als einer der wenigen Afroamerikaner – sehr zurückhaltend und ernst auftrat. Auch seine Studienleistungen besserten sich merklich. Allmählich aber nahm er hier ebenfalls am sozialen Leben teil, ging auf Partys, spielte Pool-Billard und Karten. Vor allem aber interessierte er sich weiterhin für das andere Geschlecht. Nach zahlreichen Affären – er gab ausgerechnet in Briefen an seine Mutter damit an, wie sehr er den Frauen gefalle – verliebte er sich schließlich unsterblich in die Tochter einer deutschen Einwanderin namens Betty. Die leidenschaftliche Affäre dauerte ein halbes Jahr, die beiden wollten sogar heiraten. Aber die Hochzeit kam nicht zustande. Denn alle, Freunde, Lehrer und Verwandte, warnten eindringlich vor den ungeheuren sozialen Folgen der Verbindung mit einer Weißen. Mit gebrochenem Herzen wandte King sich schließlich wieder seinem Studium zu.

Als Martin Luther King seine spätere Frau kennenlernte, schrieb er bereits in Boston an seiner Doktorarbeit (bei der er auch, wie bei seinen Predigten, Passagen von anderen Autoren übernahm, ohne diese allerdings, wie es den wissenschaftlichen Regeln entspricht, als Zitate zu kennzeichnen). Sein Interesse an Frauen und Sex war ungebrochen; fest binden hatte er sich aber seit Betty nicht mehr wollen. Im Januar 1952 gab ihm schließlich eine alte Freundin die Telefonnummer ihrer Bekannten Coretta Scott. Er rief sie an und verabredete für den nächsten Tag ein *Blind Date*. Dabei musste er sie, die eigentlich kein Interesse an einem angehenden Pastor hatte, zunächst überreden. „Jeder Napoleon erlebt sein Waterloo. Ich bin wie Napoleon. Ich erlebe mein Waterloo, und ich bin auf meinen Knien", süßholzraspelte er am Telefon.

Coretta Scott hatte einen ganz anderen Hintergrund als King. Er war Baptist, sie Methodistin; vor allem aber war er ein Kind der Großstadt Atlanta, sie ein *country girl*.

Am 27. April 1927 geboren, wuchs Coretta Scott auf der elterlichen Farm in Marion/Alabama auf. Ihr Vater, Obadiah Scott, hatte sich durch harte Arbeit zu einem der landbesitzenden freien Farmer emporgearbeitet. Nach ihrem Abschluss am Antioch College wechselte sie mit einem kleinen Stipendium ans *New England Conservatory of Music*. Dort verfolgte die talentierte Frau ihr Ziel, Sängerin zu werden.

Die beiden fanden auf Anhieb Gefallen aneinander: Coretta fühlte sich vom „intellektuellen Jive" des zwei Jahre jüngeren Mannes angezogen, und Martin ging schon am ersten gemeinsamen Abend voll in die Offensive. Auf dem Nachhauseweg erklärte er ihr: „Die vier Dinge, die ich in einer Frau suche, sind Charakter, Intelligenz, Persönlichkeit und Schönheit. Und du hast sie alle. Ich möchte dich wiedersehen."

Das Techtelmechtel war für die beiden eine Mischung aus Romanze und Pragmatismus. Coretta, die im Kontext der Zeit das „heiratsfähige" Alter für Frauen bereits überschritten hatte, erkannte die „gute Partie", die der angehende Pastor darstellte; Martin wiederum sah, dass sie für seine – auch über Familie und Karriere vermittelten – Ansprüche die richtige Wahl war.

Seine Eltern sahen das zunächst anders. Für die urbanen Kings war Coretta von Kopf bis Fuß ein Mädchen vom Lande. Sie hätten es lieber gesehen, wenn ihr ältester Sohn eine Frau aus Atlantas schwarzer Mittelschicht geheiratet hätte. Daddy King knöpfte sich Coretta deshalb bei einem Besuch in Boston vor und diktierte ihr die Wünsche der Eltern und die sozialen Verpflichtungen eines baptistischen Pastors. Umgekehrt wurde auch Coretta von ihrer Familie gewarnt, bloß keinen baptistischen Pastor zu ehelichen. Auch hatte sie, die manche Studienfreunde Martins auf Grund ihres Auftretens für *too burgie,* für „zu bourgeois" hielten, ihrerseits Vorbehalte, vor allem gegenüber der Rolle als Hausfrau, die ihr zugedacht war. Schließlich musste sie für die Ehe ihre Hoffnungen auf eine Karriere als Sängerin begraben und sich in ein traditionelles Rollenbild fügen. Dazu war sie erst nach langem Zögern bereit. Ihren Widerstand brachte die habituell emanzipierte Frau auch symbolisch zum Ausdruck, indem sie gegenüber dem unwilligen Schwiegervater durchsetzte, das Ehegelübde am 18. Juni 1953 ohne die Gehorsamspflicht gegenüber dem Manne abzulegen – was damals, nicht zuletzt für King senior, eine Ungeheuerlichkeit war. Dennoch musste „Corrie", wie King seine Frau nannte, sich dem traditionellen Rollenbild der Hausfrau und Mutter fügen, worüber es allerdings unter den Eheleuten immer wieder zum Streit kam.

Wahrscheinlich hat Martin Luther King im Stadtgefängnis von Birmingham, wenn er an seine Frau denkt, ein schlechtes Gewissen. Denn auch nach der Heirat lebt er keineswegs wie ein Heiliger. Die Wahrheit ist: King hat, wie viele baptistische Pastoren im Süden und wie die meisten anderen Führer der Bürgerrechtsbewegung, zahlreiche außereheliche Affären. Nicht zuletzt deshalb wird er in der Ebenezer Baptist Church bald über die „Lust des Fleisches" predigen und über den Widerspruch zwischen den hehren Ansprüchen der Ehe und der verführerischen Wirklichkeit.

Etwaige Gedanken an seine persönlichen Verfehlungen sind allerdings wie weggefegt, als King am Vormittag Besuch von seinem Anwalt Clarence Jones erhält, der soeben mit dem Flugzeug aus New York in Birmingham eingetroffen ist. Die beiden kennen sich gut; Jones hat King schon in anderen Fällen vertreten und auch an dem internen Treffen zur Vorbereitung der Birmingham-Kampagne teilgenommen. Hinzu kommt, dass beide einen gemeinsamen Freund haben: den Sänger, Schauspieler und politischen Aktivisten Harry Belafonte.

King kennt Belafonte bereits seit dem Busboykott in Montgomery. Damals hatte er sich mit der Bitte um Unterstützung an ihn gewandt und den kurz zuvor berühmt gewordenen ersten afroamerikanischen Fernsehstar zu einem Gespräch unter vier Augen in Harlem getroffen. Belafonte, der im Zuge der antikommunistischen Hysterie von Senator Joseph McCarthy zeitweise auf der Schwarzen Liste gestanden hatte, besaß von diesem Zeitpunkt an immer ein offenes Ohr für Kings Anliegen und unterstützte die Bewegung tatkräftig.

Erst zwei Wochen zuvor, am 31. März 1963, hatten sich King, Jones und Belafonte in dessen Wohnung in New York getroffen. Anlass war ein geheimes Treffen, das Belafonte organisiert hatte, um Unterstützung für die Aktionen in Birmingham zu mobilisieren. Bei dieser Zusammenkunft hatten sich Oscarpreisträger, berühmte Anwälte und Presseleute wechselseitig die Klinke in die Hand gedrückt.

Wenn King seine Unterstützer im Norden aufsuchte, tat er dies in der Regel erst dann, wenn seine aktuelle Kampagne sich in einer Krise befand und dringend der Unterstützung bedurfte. Dieses Mal wollte Belafonte anders vorgehen – vielleicht auch deshalb, weil er um die immense Bedeutung der Birmingham-Kampagne für die Zukunft Kings als Anführer der Bewegung wusste. Seine Idee war, dass King als Vorsitzender der SCLC und Shuttlesworth als Kopf der lokalen „Christlichen Bewegung für Menschenrechte" die auf Verschwiegenheit eingeschworenen Gäste bereits vorab über die Kampagne unterrichteten. Derart eingeweiht, wären diese ihrerseits gleichsam Teil der Aktion und deshalb später vielleicht auch in besonderem Maße gewillt, ihren Teil zur Unterstützung beizutragen.

Auf dem Treffen sprach King über die allgemeine Strategie der Bewegung, während Shuttlesworth anschließend in lebhaften Bildern die Gefahren beschrieb, die mit der Kampagne in Birmingham einhergingen – angesichts von Gegnern wie den über die Grenzen der Stadt hinaus bekannten Bull Connor und dessen offener Komplizenschaft mit den weißen Terrorgruppen vor Ort.

Die private Zusammenkunft verlief zufriedenstellend. Und dennoch war Belafonte während Shuttlesworths Rede aufgefallen, dass King nervös mit dem Kopf zuckte. Noch nie hatte er seinen Freund unter solchem körperlichen Stress gesehen. Offenbar warf Birmingham bereits vor Beginn der Kampagne seine Schatten voraus.

Erst als der Morgen graute und alle Gäste gegangen waren, begann King sich zu entspannen. Harrys Frau Julie holte eine Flasche Sherry hervor. Er hoffe, sagte King mit einem Blick auf Abernathy, in Birmingham nur „mit Leuten eingesperrt zu werden, die nicht schnarchen". Abernathy protestierte heftig, er würde nicht schnarchen. „Du bist *Folter*", antwortete King. „Die Weißen haben nicht mal etwas *erfunden*, das mich so treffen kann wie du. *Alles*, was ich gestehen soll, werde ich zugeben, wenn sie nur dich und dein Schnarchen aus meiner Zelle heraushalten." So ging die Kabbelei eine Weile hin und her.

Jetzt, nach drei Tagen im Gefängnis, wäre King wohl glücklich, das Schnarchen seines Freundes Abernathy ertragen zu müssen. Denn alles ist besser als diese quälende Ungewissheit.

Als Jones den Besuchsraum betritt, begrüßt er King mit den Worten: „Harry hat es geschafft, 50 000 Dollar für Kautionszahlungen aufzubringen. Das Geld ist sofort verfügbar. Und er sagt, dass er alles beschaffen wird, was du sonst noch brauchst."

King ist so erleichtert über diese Nachricht, dass er zunächst nicht weiß, was er sagen soll. Er fühlt sich plötzlich befreit von dem immensen Druck, der gerade mit Blick auf das Schicksal der übrigen Inhaftierten sein Herz so sehr beschwert hatte. Jetzt ist auf einmal gesichert, dass alle, die das Gefängnis zu verlassen wünschen, auch tatsächlich freikommen werden. Das bedeutet zugleich, dass auch seine Entscheidung vom Karfreitag, sich in Haft nehmen zu lassen, statt auf Reisen zum Spendensammeln zu gehen, richtig gewesen war. King freut sich, dass das Geheimtreffen in Belafontes Wohnung sich derart positiv auswirkt, und ist seinen New Yorker Freunden unendlich dankbar für ihre wertvolle Unterstützung.

Jones hat auch gute Nachrichten hinsichtlich Kings eigener Inhaftierung. Er berichtet, Walker organisiere eine Telefonkampagne, um Druck auf die Kennedy-Regierung auszuüben, damit er im Gefängnis besser behandelt wird. Belafonte hatte deswegen persönlich Justizminister Robert Kennedy angerufen, war bei ihm allerdings auf wenig Begeisterung gestoßen. Der jüngere Bruder des Präsidenten hatte sich bereits damals, während der letztlich gescheiterten Kampagne in Albany, nicht gescheut, dem Bürgermeister der Stadt persönlich zu seinem „besonnenen Vorgehen" zu gratulieren. In Bezug auf Birmingham hatte er sich schon im Vorfeld strikt gegen die angeblich „schlecht getimte" Kampagne ausgesprochen und dies über seinen Stellvertreter Burke Marshall an die SCLC-Führung übermittelt. Dementsprechend lehnte er Kings Entscheidung, ins Gefängnis zu gehen, ebenfalls ab. Sarkastisch antwortete „Bobby" Kennedy daher auf Belafontes Bitte: „Sagen Sie Pastor King, wir tun alles, was wir können, aber ich bin nicht sicher, ob wir zu diesem Zeitpunkt das Thema Gefängnisreform anpacken können."

Kapitel 8
Der Brief

Jones' Besuch und die Gewissheit, dass eine der beiden größten Sorgen sich einstweilen erledigt hat, verleihen King neuen Mut. Mit frischer Kraft kann er sich nun einem anderen Thema zuwenden: der Erklärung der acht Geistlichen, die er am Vortag in der Zeitung gelesen hatte.

Irgendwann erinnert sich King nämlich an eine Idee, die Harvey Shapiro vom *New York Times Magazine* ihm einmal bei einem Anruf im SCLC-Büro in Atlanta vorgetragen hatte. King solle, regte Shapiro an, doch einen „Brief aus dem Gefängnis" schreiben, nach dem Vorbild der frühen Heiligen, die einst politische Gefangene gewesen waren. Damals hatte sich kurzfristig keine Gelegenheit ergeben, diesen Vorschlag in die Tat umzusetzen. Jetzt, wo er im Gefängnis sitzt und alle Zeit der Welt, aber nichts zu tun hat, entsinnt sich Martin Luther King dieses Telefonats. Die Idee eines derartigen Briefes erscheint ihm nunmehr als willkommener Anlass, seine Inhaftierung doch noch produktiv zu nutzen, anstatt sich den Depressionen hinzugeben.

Mit dieser Idee beginnt die Arbeit am *Letter from Birmingham Jail*. In den folgenden Tagen wird King fast durchgängig mit der Abfassung des Briefes befasst sein. Am Donnerstag schließlich wird er der Presse übergeben, die allerdings keinen Gebrauch davon macht. Nicht einmal Shapiro gelingt es, den Text im *New York Times Magazine* unterzubringen, der auf seiner eigenen Idee beruht und der später einmal als das vielleicht beste Schriftstück gelten wird, das King je verfasst hat.

Da King kein Papier zur Verfügung steht, kritzelt er seine Notizen zunächst auf den schmalen Rand der *Birmingham News*. Anschließend schreibt er auf Papierfetzen, später dann auf einen Notizblock, den ihm Jones überlässt. Seine Anwälte sind es auch, die das Manuskript aus dem Gefängnis schmuggeln, ins Gaston Motel bringen und Wyatt Walker übergeben.

Walker ist von dem Unterfangen begeistert. „Diese weißen Prediger haben bei ihm endlich das Fass zum Überlaufen gebracht!" Was ihn weniger begeistert, ist die generell schlechte Lesbarkeit von Kings Handschrift. Immer wieder muss er innehalten, während er der Sekretärin Willie Pearl Mackey den Text diktiert. Oft schreibt er auf die getippte Fassung Fragen und Anmerkungen, weil er sich nicht sicher ist, ob er alles korrekt entziffert hat. Die getippte Version gelangt dann anschließend über die Anwälte wieder zurück ins Gefängnis, wo King den Text durchsieht und Korrekturen anmerkt.

Nachdem er einmal mit dem Schreiben begonnen hat, gibt es für King kein Halten mehr. Als Jones am nächsten Tag erneut ins Gefängnis kommt, wird er noch die letzte Ecke des Zeitungspapiers vollgeschrieben haben. „Ich schreibe gerade diesen Brief. Ich möchte, dass du versuchst, ihn rauszuschmuggeln, wenn du kannst", wird er Jones bitten. Der Anwalt ist überrascht, dass King trotz der vielen aktuell drängenden Fragen, die seiner Entscheidung bedürfen (darunter auch zahlreiche die Bewegung betreffende Anliegen), die meiste Zeit seines Besuchs damit verbringt, ihm zu erklären, wie die vielen Pfeile und Kringel jeweils den Übergang vom Ende einer Textpassage zum Anfang der nächsten markieren. „Ich bin noch nicht fertig." Jones wird das Gefängnis mit der versteckten Zeitung, aber ohne Antworten auf die drängenden Fragen wieder verlassen.

Dass King sich mit Verve dem Brief zuwendet, liegt auch daran, dass er die Haltung der weißen Geistlichen zu Recht als symptomatisch für die öffentliche Reaktion auf die Kampagne betrachtet – nicht nur Bobby Kennedy, auch die Wochenzeitschrift *Time Magazine* hatte von einem „schlecht getimten Protest" gesprochen. Und die liberale *Washington Post* hatte die Proteste gar als „stärker durch Führungsrivalitäten als durch die realen Erfordernisse der Situation veranlasst" bezeichnet. Indem er die Erklärung der acht Geistlichen kritisiert, wendet sich King also gleichzeitig gegen all seine anderen Kritiker.

Durch Kings Schreiben ergibt sich zudem eine ironische historische Koinzidenz. Denn der erste Unterzeichner des Briefes, C.C. Jones Carpenter, ist ein Urenkel von C.C. Jones, einem presbyterianischen Pastor aus Savannah/Georgia. Jones hatte seinerzeit die Sklaverei abgelehnt, aber zugleich darauf bestanden, dass Sklavenhalter dennoch gute Christen sein könnten. Diese Ansicht wurde von Frederick Douglass, dem entflohenen Sklaven und großen Kämpfer für die Sklavenbefreiung des 19. Jahrhunderts, bissig kritisiert. Die Sklaverei, wandte Douglass ein, bestünde nämlich nur deshalb, *weil* die Weißen sie als anständig und ehrenwert betrachteten. Jones' Unterscheidung zwischen dem „üblen" System der Sklaverei und den „gewissenhaften" christlichen Sklavenhaltern sei daher ein „Schwindel".

Ein Jahrhundert nach dieser Kontroverse steht die Frage, ob die Rassenhierarchie moralisch zu rechtfertigen sei, erneut im Mittelpunkt des Disputs, diesmal zwischen C.C. Jones Carpenter und Martin Luther King. Und so hebt King an, den Brief zu schreiben, indem er sich zunächst gegen den Vorwurf wendet, der ihn besonders ärgert: nämlich dass er ein „Außenstehender" sei, der grundlos Protest anzettele.

„Meine lieben Amtsbrüder! Während ich hier im Gefängnis von Birmingham sitze, fiel mir Ihr Schreiben in die Hände, in dem Sie meine augenblicklichen Aktionen als ‚unklug und zeitlich ungelegen' bezeichnen. Ich halte selten inne, um kritische Äußerungen über meine Arbeit und mein Denken zu beantworten. [...] Da ich aber den Eindruck habe, dass Sie Männer guten Willens sind, und da Sie Ihre Kritik offen und ehrlich aussprechen, möchte ich versuchen, Ihnen eine ruhige und sachliche Antwort zu geben. Zunächst will ich Ihnen erklären, warum ich mich in Birmingham aufhalte; denn auch Sie scheinen der Meinung zu sein, dass ich hier ein ‚Außenstehender' bin."

Als ersten Grund seiner Anwesenheit nennt King, dass Shuttlesworths ACMHR ihn als Vorsitzenden der SCLC um Unterstützung gebeten habe. Er sei also „mit mehreren Mitgliedern meines Stabes hier, weil wir eingeladen sind". Anschließend stellt er sich in die apostolische Tradition: „Aber grundsätzlich bin ich in Birmingham, weil die Ungerechtigkeit hier ist. Wie die Propheten des 8. vorchristlichen Jahrhunderts ihre Dörfer verließen, um das Wort des Herrn weit über die Grenzen ihres Heimatortes hinauszutragen, und wie der Apostel Paulus sein Dorf Tarsus verließ, um die Frohe Botschaft von Jesus Christus in allen Dörfern und Städten der griechisch-römischen Welt zu verkünden, so drängt es auch mich, denen, die außerhalb meiner Heimatstadt leben, das Evangelium der Freiheit zu bringen. Wie Paulus, so muss auch ich immer wieder dem mazedonischen Ruf nach Hilfe folgen."

„Ich kann nicht untätig in Atlanta herumsitzen, ohne mich darum zu kümmern, was in Birmingham geschieht", fährt King fort. „Wenn irgendwo Unrecht geschieht, ist die Gerechtigkeit überall in Gefahr. Wir sind in einem Netz wechselseitiger Beziehungen gefangen, dem wir nicht mehr entrinnen können. Uns alle hüllt dasselbe Gewand des Schicksals ein. Was den einen unmittelbar berührt, berührt mittelbar auch alle anderen. Wir können es uns heute nicht mehr leisten, in einer so engstirnigen, provinziellen Vorstellung wie der vom ‚fremden Agitator' befangen zu sein. Niemand, der in den Vereinigten Staaten lebt, kann in diesem Land als ‚Fremdling' angesehen werden."

Martin Luther King mit Demonstranten, kurz vor dem Aufbruch zur Demonstration in Birmingham, April 1963

Mit dieser Passage hat King zugleich seine Anwesenheit in Birmingham begründet wie auch den wichtigsten Grund der Kampagne benannt: Er ist in der Stadt, „weil die Ungerechtigkeit hier ist" und diese grundsätzlich alle Menschen betreffe.

Dann wendet er sich direkt an die Geistlichen: „Sie bedauern die Demonstrationen, die augenblicklich in Birmingham stattfinden. Aber leider bedauern Sie nicht zugleich die Umstände, die zu diesen Demonstrationen geführt haben", die darin lägen, „dass die weiße Machtstruktur dieser Stadt den Negern keine andere Wahl ließ."

Der Begriff der *white power structure* zeigt, dass King die Zustände in „Bombingham" als eine systemische Form der Unterdrückung der Schwarzen durch die Weißen betrachtet, die im Geiste „engstirnigen, provinziellen" Denkens legitimiert werde. Er führt die Verhältnisse also keineswegs nur auf eine Denkweise oder auf individuelles Fehlverhalten, etwa von Bull Connor, zurück. Das bedeutet im Umkehrschluss, dass auch die gerade vollzogene Wahl des neuen Bürgermeisters Albert Boutwell (dessen Amtseinführung just am Ostermontag stattfindet) für sich genommen wenig ändern wird. Auf die Folgen der Niederlage des Hardliners und des Wahlsieges des vermeintlich „Gemäßigten" – immerhin des ehemaligen Vizegouverneurs des „Rassenstaates" Alabama – mag King nicht vertrauen. Dass die „weiße Machtstruktur" sich alleine dadurch ändern soll, dass ihr ein neues Gesicht vorsteht, ist in seinen Augen bestenfalls naiv, schlimmstenfalls aber ein weiterer Schachzug der Anhänger der Rassentrennung. Er rekapituliert Birminghams „hässlichen Rekord an polizeilicher Brutalität", „die ungerechte Behandlung der Neger durch ihre Gerichte" sowie die „unaufgeklärten Bombenanschläge". Schließlich sei auch Boutwell ein „Anhänger der Rassentrennung", der seine Aufgabe darin sehe, „den Status quo aufrechtzuerhalten", notiert King.

King erinnert auch daran, dass es im Herbst des Vorjahres bereits Verhandlungen zwischen ACMHR und Vertretern der

Geschäftswelt gegeben hat. Diese Gespräche hatten den Geschäftsleuten aber offenkundig nur dazu gedient, der Protestbewegung den Wind aus den Segeln zu nehmen. Denn ihre vollmundigen Ankündigungen hätten sich einmal mehr als leere Versprechungen erwiesen. Genau aus diesem Grund, dem Scheitern der Verhandlungen, ist King ja überhaupt erst in die Stadt gekommen! Deshalb sei ihm „keine andere Wahl" geblieben, schreibt King, „als eine direkte Aktion einzuleiten", um auf diese Weise „das Gewissen unserer Mitbürger und unseres Volkes wachzurütteln."

Der weiße Mainstream im Lande sieht das zu diesem Zeitpunkt allerdings ganz anders. Am folgenden Tag, dem Dienstag, wird die *New York Times* einen langen Artikel über Boutwells Amtseinführung veröffentlichten, der ausgesprochen optimistisch auf den neuen Bürgermeister blickt. Bei seiner Amtseinführung habe die Sonne geschienen, es sei „wie ein Picknick" gewesen, und die meisten Bürgerinnen und Bürger der Stadt erwarteten nun „eine Abnahme, wenn nicht gar das Ende der Spannungen zwischen den Rassen, die in den letzten Tagen alarmierend gestiegen sind". Alarmiert ist man bei der *Times* offenbar nicht wegen des rassistischen Terrorismus in „Bombingham", sondern wegen der Aktionen dagegen.

Aus Kings Sicht ist nichts falscher als das. Schließlich beruht seine gesamte Strategie, ja seine Lebensphilosophie auf der Idee der Nützlichkeit produktiver Spannungen. „Gerade das ist ja der Zweck der gewaltlosen direkten Aktion: Sie will eine Krise herbeiführen, eine schöpferische Spannung erzeugen, um damit eine Stadt, die sich bisher hartnäckig gegen Verhandlungen gesträubt hat, zu zwingen, sich mit den Problemen auseinanderzusetzen. Sie will diese Probleme so dramatisieren, dass man nicht mehr an ihnen vorbeikann. Es gehört, wie gesagt, zur Aufgabe desjenigen, der gewaltlosen Widerstand leistet, eine Spannung zu erzeugen. Das mag in Ihren Ohren schockierend klingen. Ich muss Ihnen aber gestehen, dass ich mich vor dem Wort Spannung nicht fürchte. Ich habe mich immer, auch in meinen Predigten, entschieden gegen gewaltsame, zerstörerische Spannungen eingesetzt. Doch es gibt eine Art konstruktiver, gewaltloser Spannungen, die für alles Wachstum erforderlich ist."

Dieser Abschnitt des Briefes beschreibt den Kern der politischen Philosophie der Bürgerrechtsbewegung, aber auch jeder anderen sozialen Bewegung: Denn diese formieren sich erst dann, wenn wichtige Anliegen nicht gehört werden, wenn nichts oder doch zu wenig getan wird, um dem Unmut in der Bevölkerung zu begegnen. Erst dann entschließen sich die Menschen, in Aktion zu treten, mit dem Ziel, die Verantwortlichen zum Handeln zu *zwingen*. Gerade in Birmingham mit seiner fest zementierten Rassentrennung, mit seiner „weißen Machtstruktur" war es gar nicht anders möglich, Änderungen zu erwirken – um die rassistische Herrschaft zu brechen, *musste* man geradezu radikal handeln und zu Aktionen zivilen Ungehorsams übergehen.

Die Passage über die Notwendigkeit produktiver Spannungen illustriert zugleich, warum Martin Luther King niemals von den Herrschenden geliebt wurde – trotz seines unerschütterlichen Eintretens für Gewaltlosigkeit und Feindesliebe und trotz seines steten Bemühens, die institutionellen Zwänge, denen auch demokratisch Gewählte unterworfen sind, taktisch zu berücksichtigen. Er galt vielmehr als Störenfried, gerade im Süden, aber auch in Washington, bei Eisenhower, Kennedy, Johnson. Und zwar, weil er Protest und „produktive Spannungen" organisierte, während Regierende immer zuallererst Ruhe und Ordnung wollen – weil sie nicht kritisiert und unter Druck gesetzt, sondern gelobt, beklatscht und besungen werden möchten. Selten nur lieben sie den Dialog; dieser ist zumeist bereits eine Konzession, ein Zugeständnis angesichts einer akuten Krise.

Was Regierende lieben, ist der Monolog. King notiert: „Zu lange schon ist unser geliebter Süden in dem unheilvollen Versuch stecken geblieben, im Monolog zu leben statt im Dialog."

Kapitel 9
Wartet noch!

„Wir wissen aus schmerzlicher Erfahrung, dass der Unterdrücker dem Unterdrückten niemals freiwillig die Freiheit gibt. Der Unterdrückte muss sie fordern", notiert King. Ähnlich hatte er sich bereits früher geäußert, beispielsweise auf der großen Bürgerrechtsdemonstration in Washington, die 1957 nur wenige Monate nach dem Sieg des Busboykotts in Montgomery stattfand. Dort hatte er als Schlussredner gesagt: „Privilegierte Klassen geben ihre Privilegien niemals ohne starken Widerstand auf."

Einerseits ist King aus seiner langjährigen politischen Erfahrung bekannt, dass der Protest der Unterdrückten nicht automatisch zu Veränderungen führt, sondern dass ihr Druck auch Gegendruck erzeugt. Jede „Revolution" – und als solche interpretiert King die Auseinandersetzungen wenig später ausdrücklich – trifft auf eine „Konterrevolution".

Andererseits geht diese Erkenntnis zugleich auf zwei ganz unterschiedliche Personen zurück, denen sich King verbunden fühlt. So hatte zum einen bereits Reinhold Niebuhr 1932 in seinem Werk „Moral Man and Immoral Society", das King im Priesterseminar intensiv studierte, geschrieben: „Wie groß auch immer die Anzahl einzelner weißer Menschen sein mag, die […] sich vollständig mit der Sache der Neger identifizieren, die weiße Rasse in Amerika wird dem Neger keine gleichen Rechte gewähren, wenn sie nicht dazu gezwungen wird. Über diesen Punkt kann man mit einem Dogmatismus sprechen, den die gesamte Geschichte rechtfertigt."

Diese Einschätzung Niebuhrs teilt King: „Meine Freunde! Ich muss Ihnen sagen, dass wir ohne entschlossenen, rechtlichen und gewaltlosen Druck auf dem Weg zur Gleichberechtigung nicht einen einzigen Schritt vorwärtsgekommen sind. Die Menschheitsgeschichte ist eine lange und tragische Geschichte der Tatsache, dass Privilegierte ihre Privilegien selten freiwillig aufgeben." Im Unterschied zu Niebuhr verzichtet er im Brief aus dem Gefängnis aus taktischen Gründen auf den von diesem genannten „Dogmatismus" und lässt ein Hintertürchen offen für die Möglichkeit der Einsicht der Unterdrücker („*selten* freiwillig aufgeben").

Die zweite Autorität, die King hier ungenannt paraphrasiert, ist Frederick Douglass. In einer Rede wenige Jahre vor Ausbruch des amerikanischen Bürgerkriegs hatte dieser gesagt: „Ohne Kampf gibt es keinen Fortschritt. [...] Macht gewährt nichts, wenn es nicht gefordert wird. Sie hat es niemals getan und wird es niemals tun."

In diesem Sinne argumentiert King in seinem Brief voller Verve gegen die Vorhaltung, die Proteste kämen „zeitlich ungelegen" bzw. wären „schlecht getimt". „Offen gestanden habe ich noch nie an einer Direkte-Aktion-Bewegung teilgenommen, die nach dem Zeitplan derer, die nicht unter der Qual der Segregation gelitten haben, ‚zur rechten Zeit' kam. Seit Jahren höre ich nun schon das Wort ‚warte'! [...] Aber dieses ‚Warte' meinte fast immer ‚niemals'."

Damit müsse, so King, über 340 Jahre nach Ankunft der ersten schwarzen Sklaven in den englischen Kolonien Nordamerikas, 100 Jahre nach der Sklavenbefreiung im amerikanischen Bürgerkrieg, endlich Schluss sein. Die Erlangung der Freiheit dürfe nicht weiter auf den Sankt-Nimmerleins-Tag verschoben werden – was er mit einem einzigen, ebenso langen wie bewegenden Satz begründet: „Aber wenn Sie erlebt haben, wie der brutale Mob Ihre Väter und Mütter, Ihre Brüder und Schwestern nach Lust und Laune lyncht und ertränkt; wenn Sie gesehen haben, wie hasserfüllte Polizisten ungestraft Ihre schwarzen Brüder und Schwestern beschimpfen, mit Füßen treten, misshandeln und sogar töten; wenn Sie sehen müssen, wie der weitaus größte Teil Ihrer zwanzig Millionen schwarzen Brüder inmitten einer im Überfluss lebenden Gesellschaft in einem luftdicht abgeschlossenen Käfig der Armut erstickt; wenn Ihnen plötzlich die Zunge nicht mehr gehorcht und Sie zu stammeln anfangen bei dem Versuch, Ihrer sechsjährigen Tochter zu erklären, warum sie nicht in den öffentlichen Vergnügungspark gehen darf, für den gerade im Fernsehen Reklame gemacht wurde, und Sie in ihren Augen Tränen aufsteigen sehen, wenn sie hört, dass farbige Kinder den Park nicht betreten dürfen; wenn Sie merken, wie sich am Himmel ihres jungen Gemüts lastende Wolken der Minderwertigkeit bilden und ihr Wesen sich zu verkrampfen beginnt, weil unbewusst ein Gefühl der Bitterkeit gegenüber den Weißen in ihr aufsteigt; wenn Sie sich auf die in schmerzlicher Erregung vorgebrachte Frage Ihres fünfjährigen Söhnchens: ‚Papi, warum behandeln die Weißen die Schwarzen so gemein?', irgendeine Antwort ausdenken müssen; wenn Sie über Land fahren und Nacht für Nacht in einer unbequemen Ecke Ihres Autos schlafen müssen, weil kein Motel Sie aufnehmen will; wenn Sie tagein, tagaus durch die quälenden Schilder ‚Für Weiße' und ‚Für Schwarze' gedemütigt werden; wenn Sie mit Vornamen ‚Nigger' und ‚Boy' (ganz gleich, wie alt Sie sind) genannt werden, und mit Zunamen ‚John'; wenn Ihre Frau oder Ihre Mutter niemals höflich mit ‚Frau' angesprochen wird; wenn Sie Tag und Nacht von der Tatsache gemartert und verfolgt werden, dass Sie ein Neger sind, der ständig auf dem Sprunge steht, weil er nie weiß, was der nächste Augenblick bringt, und der innerlich von Furcht und äußerlich von Hass gequält wird; wenn Sie immer und immer wieder gegen das erniedrigende Gefühl ankämpfen müssen, ‚niemand zu sein' – dann werden Sie verstehen, warum es uns so schwerfällt zu warten."

King fährt fort: „Es kommt eine Zeit, wo das Maß des Erträglichen überläuft und der Mensch nicht länger gewillt ist, sich in Abgründe der Ungerechtigkeit stoßen zu lassen, in denen ihn die Finsternis und Leere zermürbender Verzweiflung umgibt."

Und in der Tat: Dies ist die Zeit, wo die Afroamerikaner nicht länger auf die Einsicht ihrer Unterdrücker warten wollen. Im Gegenteil: Immer mehr von ihnen verlangen ein sofortiges Ende ihrer gesetzlich legitimierten Diskriminierung und nehmen aktiv an den Kämpfen der Bürgerrechtsbewegung teil.

Am ungeduldigsten in ihrem Streben nach Freiheit sind naturgemäß die Jugendlichen und Studenten. Sie werden zum „Motor" der Bewegung. Von ihnen gehen entscheidende Impulse aus, die zu einer Radikalisierung der Bürgerrechtsbewegung führen – insbesondere durch die Einführung des zivilen Ungehorsams, der *direct action*.

Den Anfang machten vier Studenten in Greensboro/North Carolina, just am Tag von Kings Rückkehr an die väterliche Ebenezer Church in Atlanta, dem 1. Februar 1960. Die Studenten griffen dabei auf eine alte Taktik der Gewerkschaften aus den 1930er Jahren zurück, auf die sogenannten *sit-down strikes*. Damals, zur Zeit von Präsident Franklin D. Roosevelts New Deal, hatte die Gewerkschaft der *United Auto Workers* endlich Tarifverträge erkämpft, indem ihre Mitglieder die Fabrikhallen besetzten und auf diese Weise verhinderten, dass die Produktion mit Streikbrechern fortgeführt werden konnte, was die Verhandlungsmacht der Autogewerkschaft entscheidend stärkte.

Die Studenten ließen sich von dieser Form der direkten Aktion inspirieren und entwickelten aus ihr das *sit-in*, den Sitzstreik, eine Form zivilen Ungehorsams, wie King sie in seinem Brief aus dem Gefängnis beschreibt. Bei dieser Aktionsform setzt sich eine organisierte Gruppe in für Weiße reservierte Bereiche, um auf diese Weise gegen die Rassentrennung zu protestieren, bis die Polizei einschreitet.

Diese Sit-ins verbreiteten sich wie ein Lauffeuer. Bereits zwei Monate später gab es solche und ähnliche Aktionen in über 70 Städten und Gemeinden des Südens. Später würde diese Aktionsform auf viele andere Bereiche ausgedehnt werden. „Es gab *kneel-ins* in Kirchen, *sleep-ins* in Motel-Lobbys, *swim-ins* in Badeanstalten, *wade-ins* an nur für bestimmte Gruppen zugänglichen Stränden, *read-ins* in öffentlichen Bibliotheken, *play-ins* in Parks, *watch-ins* in Kinos."

Dem Sit-in der Studenten von Greenboro folgte nur wenig später die Gründung des *Student Nonviolent Coordinating Committee* (SNCC, genannt „Snick"). Das SNCC sollte als „treibende Kraft" der Bürgerrechtsbewegung eine besondere Rolle spielen. Die Studentenorganisation fußte auf der Praxis direkter Aktion und rekrutierte, anders als die SCLC, Schwarze und Weiße gemeinsam unter einem Dach.

Auf der SNCC-Gründungsversammlung in Raleigh/North Carolina sprach auch Martin Luther King zu den Studenten. Die Initiative zu dem Treffen war allerdings von der damaligen SCLC-Direktorin Ella Baker ausgegangen. Baker war

King seinerzeit von Bayard Rustin wärmstens empfohlen worden. Sie verfügte über außergewöhnliche organisatorische Fähigkeiten, deren Nutzung allerdings durch die miserablen Arbeitsbedingungen im SCLC-Büro in Atlanta erheblich eingeschränkt war. Es gab kaum Personal (das rasche Wachstum der Zahl der SCLC-Mitarbeiter trat erst ab 1960 ein), zum Kopieren musste Baker in die Ebenezer Church gehen, und das kleine Büro verfügte nicht einmal über einen Telefonanschluss.

Hinzu kam, dass Baker als Frau innerhalb der SCLC einen ausgesprochen schweren Stand hatte. Ihre Ideen und Vorschläge wurden nicht in demselben Maße unterstützt wie diejenigen, welche aus der die Organisation beherrschenden Pastoren-Riege kamen. Ähnliche Erfahrungen mussten auch andere Frauen in Führungspositionen machen, etwa Dorothy Cotton und Septima Clark, die das *Citizenship Education Program* der SCLC leiteten. Die Ursache hierfür lag vor allem im ausgesprochen traditionellen Geschlechtsrollenverständnis der Pastoren, einschließlich Kings.

In der SCLC, wie auch in der Bewegung insgesamt, folgte die Rollenverteilung weitgehend der gesellschaftlich dominanten Praxis der späten 1950er und 1960er Jahre. Das aber bedeutete, dass Frauen vor allem Tätigkeiten als Sekretärinnen oder „Fußvolk" ausübten, während Männer alle bedeutenden Posten in der Organisationshierarchie besetzten und in der Öffentlichkeit als Anführer in Erscheinung traten. Mehr noch: Die meisten der führenden Pastoren in der SCLC wollten nicht, dass ihre Frauen überhaupt an den Aktionen teilnahmen. Sie sollten sich zu Hause um die Kinder kümmern, während ihre Ehemänner den heroischen Kampf für die Emanzipation der Schwarzen führten. Diese Haltung wurde durch den Konservatismus der baptistischen Kirche hinsichtlich gesellschaftlicher Belange noch verstärkt. Mit Blick auf das Geschlechtsrollenverständnis waren die Pastoren daher ganz Kinder ihrer Zeit und ihrer kirchlichen Sozialisation.

Dies galt ohne Einschränkung auch für King, der seine Frau ja nur mit viel Druck dazu bewegen konnte, die traditionelle Rolle als Hausfrau und Mutter anzunehmen. Coretta Scott trat zwar gelegentlich als Sängerin oder Rednerin auf Großveranstaltungen der Bürgerrechtsbewegung auf; an den Aktionen selbst nahm sie jedoch nicht teil. Sie saß zu Hause mit den (schließlich vier) Kindern, während ihr Mann überall in den USA Demonstrationen anführte und Vorträge hielt. Weil King diese Arbeitsteilung so interpretierte, dass er sich um häusliche und familiäre Angelegenheiten nicht zu kümmern brauchte, war dies auch immer wieder eine Quelle für Ehestreitigkeiten, etwa wenn es um die Erziehung und den Schulbesuch der Kinder ging.

Kings Schwierigkeiten mit Ella Baker resultierten in erster Linie aus diesem traditionellen Geschlechtsrollenverständnis. Hinzu kam allerdings ein weiterer Grund. Denn Baker trat auch für ein eher basisdemokratisch orientiertes Konzept „partizipatorischer Demokratie" ein. Im Rahmen dessen sollte die Rolle der Führungspersonen weniger exponiert sein, als dies in der SCLC – die sich ja schon im Namen als „Führungskonferenz" definierte – der Fall war. „Starke Menschen brauchen keine starken Führer", war Bakers Credo. Der interne Zwist zwischen King und Baker führte schließlich dazu, dass sie 1960 als Direktorin der SCLC durch Wyatt Walker ersetzt wurde.

Mit Blick auf „Snick" überragte Ella Bakers Bedeutung indes die aller anderen Anführer der Bewegung. Die „Patin des

SNCC" war nicht nur die Schlüsselfigur der Gründung. Sie blieb auch danach eine wichtige Ratgeberin. So war Baker 1961 wesentlich daran beteiligt, dass die Organisation zwei Abteilungen bildete: eine für direkte Aktion und eine für Wählerregistrierung. Mit der Methode der direkten Aktion arbeitete das SNCC im Süden auf verschiedenen Feldern der Desegregation. So organisierte man zusammen mit CORE die sogenannten *Freedom Rides*, das heißt Freiheitsfahrten, bei denen Weiße und Schwarze – verbotenerweise gemeinsam – in Überlandbussen durch diejenigen Staaten fuhren, in denen die Rassentrennung fortbestand. Mit diesen Fahrten und mit verschiedenen Formen der direkten Aktion, vorzugsweise Sit-ins in den Wartehallen der Busbahnhöfe, wollten sie dagegen protestieren, dass die Entscheidung des Obersten Gerichtshofs von 1954 weithin ignoriert wurde. Dabei kam es auch immer wieder zu gewaltsamen Übergriffen, so gleich bei der ersten Freiheitsfahrt 1961, als Rassisten in Alabama einen der Busse abbrannten und die gewaltfreien Aktivisten anschließend in Birmingham von einem weißen Mob mit Baseballschlägern, Eisenstangen und Fahrradketten misshandelt wurden – unter den Augen von Bull Connor, der diese Ausschreitungen durch den Abzug der Polizei vom Busbahnhof überhaupt erst ermöglichte. Als die „Freiheitsfahrer" schließlich nach Montgomery kamen, verweigerte man ihnen die Weiterreise, und Tausende gewalttätige Weiße zerstörten Autos, Fensterscheiben und blockierten eine ganze Nacht lang Abernathys First Baptist Church, wo sich die Aktivisten aufhielten.

Der zweite Arm von „Snick" befasste sich mit dem Kampf für das Wahlrecht der Schwarzen. Auch in dieser Frage verweigerten sich die Studenten dem „Wartet noch". Gerade in Mississippi, das immer wieder durch besonders strikte Rassentrennung und offenen Rassismus aufgefallen war, versuchte man unter Führung von Bob Moses, schwarze Wählerinnen und Wähler zu registrieren. Allerdings mit nur geringem Erfolg: Von den 17 000 Afroamerikanern, die versuchten, sich in die Wahllisten eintragen zu lassen, scheiterten über 90 Prozent an den Hürden der Rassentrennung.

1964 wagte sich das SNCC deshalb noch einen Schritt weiter vor. Während des sogenannten Freiheitssommers gründeten Aktivisten die *Mississippi Freedom Democratic Party* (MFDP). Der Grund für diesen Schritt war der rassistische Zustand der Demokratischen Partei im Süden. Während die Demokraten auf Bundesebene eher liberal auftraten und sich im Norden auch um schwarze Wählerstimmen bemühten, waren sie im Süden der Garant der Rassentrennung. Hier bestand seit hundert Jahren, seit dem Bürgerkrieg, de facto ein Einparteiensystem. Anlass für die Gründung der „Freiheitsdemokraten" war der Umstand, dass die Demokratische Partei des Bundesstaates Mississippi zum Nationalkongress, der den Präsidentschaftskandidaten der Partei nominieren sollte, eine nur von Weißen gewählte, rein weiße Delegation von Wahlmännern entsandte. Die Delegation der MFDP, die in eigens organisierten Vorwahlen bestimmt wurde, sollte auf dem Nationalkongress in Atlantic City/New Jersey die Legitimität der weißen Delegation herausfordern.

Vor dem Komitee, dass darüber zu befinden hatte, welche Delegation Mississippi legitimerweise vertreten sollte, trat auch Martin Luther King auf und unterstützte das Anliegen der MFDP: „Ich sage Ihnen, dass jede Partei in der Welt stolz sein sollte, eine solche Delegation in ihrer Mitte zu haben." Die Anerkennung der Delegation „würde zum Symbol für die Absicht dieses Landes, allen Menschen Freiheit und Demokratie zu bringen". Die Vizepräsidentin der „Freiheitsdemokraten", Fannie Lou Hamer, wurde noch deutlicher: „Ist dies etwa Amerika, das Land der Freien und die Heimat der Tapferen, wo [...] wir tagtäglich bedroht werden, weil wir als ehrbare Mitmenschen leben wollen?"

Präsident Lyndon B. Johnson, der als Kennedys Vize das Amt nach dessen Tod übernommen hatte, war über Hamers Rede so entsetzt, dass er eilig eine Pressekonferenz anberaumte, um die mediale Aufmerksamkeit umzulenken. Er sorgte sich angesichts der Auseinandersetzung über die MFDP um seine Unterstützung aus dem gesamten, gerade politisch immer noch von Weißen dominierten Süden. Als Texaner kannte er die bestehenden Vorurteile gut und bangte um seine Wiederwahl. Johnson sorgte deshalb dafür, dass die Mitglieder des Ausschusses, die über die Delegation zu entscheiden hatten, unter Druck gesetzt wurden. Auch auf King ließ er über Walter Reuther, den Vorsitzenden der Autogewerkschaft, massiv Druck ausüben. Reuther rief King persönlich an und drohte ihm unverhohlen mit dem Ende der finanziellen Unterstützung seitens der Gewerkschaften: „Du setzt eure Finanzierung aufs Spiel. Das Geld, das du von uns bekommen hast [...], gibt es auch für Mississippi, aber du musst uns helfen, und wir müssen Johnson helfen."

Johnson arrangierte schließlich einen Kompromiss. Zwei Mitglieder der MFDP-Delegation würden offiziell als Delegierte anerkannt werden, die übrigen dürften als „Ehrengäste" teilnehmen; außerdem gab er das Versprechen, Diskriminierung bei der Delegiertenwahl künftig generell auszuschließen. Das war ein nicht unerhebliches Zugeständnis, aber es war auch kein vollständiger Sieg für die Aktivisten der Bürgerrechtsbewegung.

Die Diskussion, die die Repräsentanten der Bürgerrechtsbewegung über diesen Vorschlag führten, weitete sich zu einem offenen Streit über den Kurs der Bewegung aus. Dabei wurde eine Spaltung sichtbar, die sich bereits seit einiger Zeit abgezeichnet hatte. Auf der einen Seite standen die jungen, radikalen Aktivisten vom SNCC, die inzwischen starke Aversionen gegenüber jeder Form der Hinhaltetaktik – dem „Wartet noch" derjenigen, die selbst nicht warten mussten – verspürten. Sie und die Delegation der „Freiheitsdemokraten" waren daher enttäuscht und nicht mit dem Kompromiss einverstanden. Auf der anderen Seite standen die Vertreter der etablierteren, gesetzteren Bürgerrechtsorganisationen. Sie votierten für die Annahme von Johnsons Vorschlag, vor allem um den Präsidenten nicht als Bündnispartner zu verprellen. King selbst vertrat eine Mittelposition. Als nationaler Führer der Schwarzen akzeptiere er den Kompromiss, „aber wenn ich ein Neger aus Mississippi wäre, würde ich dagegen stimmen".

In den folgenden drei Tagen stritten die beiden Flügel heftig über diesen Kompromissvorschlag. Bayard Rustin meinte, die Bewegung müsse „vom Protest zur Politik" übergehen und „echte Fortschritte" erzielen, statt „nur die Ungerechtigkeit zu bezeugen". „Du bist ein Verräter, Bayard!", rief daraufhin Mendy Samstein; auch andere SNCC-Aktivisten sahen in Johnsons Vorschlag nur „den üblichen Knochen, der den Negern hingeworfen wird". Roy Wilkins von der gemäßigten NAACP schoss zurück: „Ihr solltet eure Sachen packen und nach Hause gehen!" Woraufhin James Forman gegen Wilkins' „Scheiß-auf-die-Leute"-Haltung polemisierte und sich dann gegen King wandte: „Während ihr Nigger in schicken Hotels wohnt und Hühnchen esst, haben wir in Mississippi auf dem Fußboden geschlafen [...]. Ihr fahrt durch in feinen Autos, haltet eine Rede und rennt zurück in eure schönen Kirchen in Atlanta. Das ist Scheiße!"

Die wachsende Kluft zwischen den jungen Radikalen auf der einen und den Pastoren auf der anderen Seite war nun offensichtlich. Tief getroffen von den persönlichen Angriffen und voll Sorge über den Konflikt in der Bewegung fuhr King nach Hause. Er ahnte bereits, dass sich die Spaltung noch vertiefen sollte.

Kapitel 10
Vor Gericht

Am Vormittag, nach dem Besuch seines Anwalts, wird King von Gefängniswärtern aus seiner Zelle geholt. Zum ersten Mal seit drei Tagen verlässt er das Stadtgefängnis. Der Grund dieses „Ausflugs" ist die Eröffnung des Prozesses, der ihn auf Grund seiner Teilnahme an der Protestdemonstration vom Karfreitag erwartet.

Bei dieser Gelegenheit trifft King auch Abernathy, der ebenfalls zu seiner Prozesseröffnung vorgeführt wird und den er seit Freitag nur einmal kurz auf dem Gefängniskorridor gesehen hat. Im Gerichtssaal des Rathauses sprechen beide am Rande der Verhandlung mit Shuttlesworth, der als Zuschauer zu dem Termin erscheint. King erkundigt sich bei ihm nach dem Stand der Bewegung. Um den ohnehin Besorgten nicht weiter zu beunruhigen, verschweigt Shuttlesworth ihm, dass sich auf den Massenversammlungen seit seiner Verhaftung jeweils nur wenige Personen bereit erklärt hatten, an einer Demonstration teilzunehmen, bei der sie mit ihrer Verhaftung rechnen mussten. King und Abernathy tragen ihm auf, den Mitstreitern am Abend ihren Wunsch zu übermitteln, dass sie in ihren Anstrengungen nicht nachlassen und die Aktionen fortsetzen.

King hatte seit seiner ersten Verurteilung in Montgomery schon oft vor Gericht gestanden. Die Anlässe hierfür waren sehr verschieden – mal war es wegen Verstoßes gegen ein halb vergessenes Antigewerkschaftsgesetz wie in Montgomery, ein andermal weil er vergessen hatte, seinen Führerschein umzumelden, wieder ein anderes Mal wegen angeblicher Verkehrsdelikte und so weiter.

Dieses Mal geht es um den Verstoß gegen den Paragrafen 1159 der Stadtverfassung, der es untersagt, ohne Genehmigung der Stadt eine Demonstration zu veranstalten. Dabei dauert die Prozesseröffnung selbst nur wenige Minuten. Der Richter verliest die Anklage und fragt King, ob er auf „schuldig" oder „nicht schuldig" plädiere. Martin Luther King erklärt sich daraufhin für „nicht schuldig". Anschließend wird die Kaution auf 300 Dollar festgesetzt. Damit ist die erste Verhandlung beendet.

King erwartet angesichts der Erfahrungen, die er inzwischen mit Gerichtsprozessen im Süden gemacht hatte, ohnehin keinen fairen Prozess. So ist bereits die städtische Praxis der Vergabe von Demonstrationsgenehmigungen, die zu der Anklage geführt hat, mehr als fragwürdig, wie er in seinem Brief aus dem Gefängnis erläutert: „Es gibt Fälle, wo ein Gesetz gerecht zu sein scheint, in seiner praktischen Anwendung aber ungerecht ist. So wurde ich zum Beispiel am Freitag verhaftet, weil ich für unsere Demonstration keine Genehmigung eingeholt hatte. Nun ist an einer Vorschrift, nach der für eine Demonstration eine Genehmigung erforderlich ist, durchaus nichts Unrechtes. Wenn diese Vorschrift aber dazu benutzt wird, die Rassentrennung aufrechtzuerhalten und Staatsbürgern das ihnen durch die Verfassung garantierte Recht auf friedliche Versammlung und friedlichen Protest zu verweigern, dann ist sie ungerecht."

In der Tat hatte Polizeichef Connor persönlich der Bewegung im Vorfeld unmissverständlich klargemacht, dass er ihr nicht erlauben würde, in der Stadt zu demonstrieren, und zwar ganz unabhängig von den Einzelheiten der Durchführung. Eine Erlaubnis von der Stadt zu erhalten war den Bürgerrechtlern also prinzipiell nicht möglich. Insofern war zugleich die einstweilige Verfügung, die Richter Jenkins gegen die Demonstrationen erlassen hatte, nicht nur moralisch, sondern auch rechtlich höchst fragwürdig. Der Anwalt Amaker hatte dies frühzeitig erkannt und daher bereits auf der internen Aktivisten-Sitzung am Karfreitag argumentiert, die Verfügung sei zwar wahrscheinlich verfassungswidrig, aber King und die anderen Demonstrationsteilnehmer müssten dennoch mit ihrer Verurteilung rechnen.

Sit-in-Protest an der Imbiss-Theke im Woolworth, Birmingham, 2. April 1963

Im Grunde handelte es sich bei diesem Prozess, wie bei so vielen anderen im Süden, schlicht um eine Farce. Denn wie die Polizei hatte sich auch die Justiz immer wieder als Spiegel einer auf strikter Rassentrennung beruhenden Gesellschaft erwiesen. Das aber bedeutete nicht einfach, dass ein paar Paragrafen über die Rassentrennung zusätzlich im Gesetzbuch gestanden hätten, von denen die übrigen Bestimmungen nicht berührt gewesen wären. Im Gegenteil: Alle Paragrafen waren davon betroffen, weil auch die scheinbar neutralen Bestimmungen vor Gericht im Lichte dieses Grundsatzes ausgelegt wurden. Das galt auch für den vermeintlich „neutralen" Paragrafen 1159 der Stadtverfassung, der durch die rassistische Praxis Connors eben nicht neutral, sondern rassistisch kodiert war.

Der Kern des Problems bestand darin, dass die Rassentrennung – und damit auch die ungleiche Behandlung von Schwarzen und Weißen – lange Zeit „rechtsstaatlich" sanktioniert war. Denn der Oberste Gerichtshof selbst hatte 1896 in einem Urteil ihre Legalität bestätigt. Aber selbst nach Aufhebung dieses Urteils 1954 bestanden die Strukturen fort, da der *Supreme Court* die Verantwortung für die Aufhebung der Rassentrennung den lokalen Behörden übertrug – und damit Leuten wie Bull Connor, die keinerlei Interesse an einer Änderung des Status quo hatten.

Die Segregation machte also systematisch aus neutralen Gesetzen rassistisch kodierte. Dies galt selbst für das Kapitalverbrechen Mord: Wenn ein Geschworenengericht im Süden, das ausschließlich aus Weißen zusammengesetzt war, über einen angeklagten Schwarzen richtete, stand das Urteil meist bereits vorab fest. Wenn es jedoch über Weiße urteilte, die einen Schwarzen getötet hatten, erfolgte im Süden nur allzu oft der Freispruch.

Besonderes Aufsehen hatte 1955, wenige Monate vor dem Beginn des Busboykotts in Montgomery, der Fall des erst 14-jährigen Emmett Till in Mississippi erregt. Der aus Chicago stammende Till, der die Sommerferien bei seinem Onkel verbrachte, wurde von zwei Männern brutal misshandelt und anschließend ermordet, weil er – in Unkenntnis der regionalen Ordnung – angeblich einer weißen Frau hinterhergepfiffen hatte. Trotz überwältigender Indizien sprach das Geschworenengericht die Täter in einem Prozess, der sämtlichen Regeln fairer Rechtsprechung Hohn sprach, unter dem Beifall der weißen Zuschauer frei. Da ihnen nach amerikanischem Recht nicht erneut der Prozess gemacht werden konnte, verkauften die Täter die Geschichte ihres Mordes dann für 4000 Dollar an die Zeitschrift *Look*.

In seinem Brief aus dem Gefängnis, an dem er nach seiner Rückkehr vom Gericht unverzüglich weiterarbeitet, kritisiert King die rassistische Praxis der Justiz und verteidigt das Vorgehen der Bürgerrechtsbewegung, auch gegen bestehende Gesetze zu verstoßen. Er schreibt: „Sie zeigen sich sehr besorgt über unsere Bereitschaft, Gesetze zu brechen. Das ist gewiss eine berechtigte Sorge. Da wir die Leute so eifrig auffordern, dem Beschluss des Obersten Bundesgerichts aus dem Jahr 1954 Folge zu leisten und die Rassentrennung in den öffentlichen Schulen aufzuheben, scheint es auf den ersten Blick ziemlich paradox, dass wir nun bewusst Gesetze brechen. Sie werden vielleicht fragen: ‚Wie können Sie es rechtfertigen, einige Gesetze zu übertreten und anderen zu gehorchen?' Das liegt einfach daran, dass es zwei Arten von Gesetzen gibt: gerechte und ungerechte."

King beruft sich für diese Unterscheidung gleich auf zwei Heilige, Augustinus und Thomas von Aquin, und benennt dann die der Segregation innewohnende Entmenschlichung als moralische Rechtfertigung, ja als Gebot für Gesetzesverstöße: „Jedes Gesetz, das die menschliche Persönlichkeit erniedrigt, ist ungerecht. Alle Rassentrennungsgesetze sind ungerecht, weil die Rassentrennung der Seele und dem Charakter des Menschen Schaden zufügt. Sie gibt ihren Verfechtern ein falsches Gefühl der Überlegenheit und ihren Opfern ein falsches Gefühl der Minderwertigkeit. Martin Buber, der große jüdische Philosoph, sagt, dass die Segregation anstelle der Ich-Du-Beziehung eine Ich-Es-Beziehung setzt und schließlich den Menschen zu einer Sache herabwürdigt. Die Rassentrennung ist also nicht nur vom politischen, wirtschaftlichen und soziologischen Standpunkt aus ungesund, sie ist moralisch falsch und sündhaft."

Im Anschluss gibt King mehrere Beispiele zur Erläuterung: „Ein ungerechtes Gesetz ist ein Gesetz, das eine Mehrheit einer Minderheit auferlegt und an das sie sich selbst nicht gebunden fühlt. Damit wird die *unterschiedliche* Behandlung von Menschen legalisiert. Ein gerechtes Gesetz ist ein Gesetz, das eine Mehrheit einer Minderheit auferlegt und das sie selbst zu befolgen gewillt ist. Damit wird die *gleiche* Behandlung von Menschen legalisiert."

King legt darüber hinaus Wert auf die Feststellung, dass er, im Unterschied zu den Verfechtern der Rassentrennung, nicht einfach zur Missachtung von Gesetzen aufrufe. Wer ein ungerechtes Gesetz breche, müsse dies in der Form gewaltfreien Widerstands, also „offen, in brüderlicher Liebe und in der Bereitschaft tun, die Strafe dafür auf sich zu nehmen [...], um damit das Gewissen seiner Mitbürger wachzurütteln und ihnen die Augen für die Ungerechtigkeit dieses Gesetzes zu öffnen".

Das stärkste Argument für das Recht auf Widerstand gegen ungerechte, entwürdigende Gesetze ist für King das Beispiel Nazi-Deutschlands: „Wir dürfen niemals vergessen, dass alles, was Hitler in Deutschland tat, ‚legal', und alles, was die ungarischen Freiheitskämpfer in Ungarn taten, ‚illegal' war. In Hitlerdeutschland war es ‚ungesetzlich', einem Juden zu helfen. Aber ich hätte sicherlich meinen jüdischen Brüdern trotzdem beigestanden, wenn ich damals in Deutschland gewesen wäre."

Kapitel 11

Das Wahlrecht

Anfang Februar 1965 sollte King erneut wegen Teilnahme an einer nicht genehmigten Demonstration im Gefängnis sitzen, dieses Mal in Selma, der eine Autostunde von Montgomery entfernt gelegenen Kleinstadt mit weniger als 30 000 Einwohnern. Gemeinsam mit 770 weiteren Menschen war er bei einem Marsch verhaftet worden, mit dem die Demonstranten gegen den Ausschluss der Schwarzen vom Wahlrecht protestierten.

Zu dieser Zeit, nach der Verabschiedung des Bürgerrechtsgesetzes von 1964, mit dem auch die Zuständigkeit für die Aufhebung der Rassentrennung endlich von den lokalen Behörden auf das Bundesjustizministerium übergegangen war, wurde die Frage, wie man das Wahlrecht unabhängig von der Hautfarbe durchsetzen konnte, zu einer Schlüsselfrage der Bewegung.

Bemühungen, Afroamerikaner als Wähler zu registrieren, hatte es indes schon lange gegeben. So initiierte die SCLC bereits kurz nach ihrer Gründung 1957 eine Wahlrechtskampagne, und King selbst sprach auf der Bürgerrechtsdemonstration im selben Jahr vor dem Lincoln Memorial in Washington zum Thema „Gebt uns den Stimmzettel – Wir werden den Süden umgestalten".

Auch im Zuge der Kampagne in Birmingham wird das Wahlrecht – wie bei fast allen Initiativen gegen die Segregation zu dieser Zeit – thematisiert, wenn auch nur am Rande. In seinem Brief aus dem Gefängnis nennt King es als krasses Beispiel für Ungerechtigkeit: „Ein ungerechtes Gesetz ist ein einer Minderheit diktiertes Gesetz, an dem diese Minderheit nicht mitwirken konnte, weil sie nicht das Recht hatte zu wählen. Wer wollte behaupten, die gesetzgebende Körperschaft von Alabama, die die Rassentrennungsgesetze aufstellte, wäre demokratisch gewählt?" In Alabama gebe es verschiedene Methoden, die Schwarzen daran zu hindern, sich als Wähler registrieren zu lassen. Daher bestünden sogar Wahlkreise, in denen zwar die Mehrheit der Bevölkerung schwarz, aber kaum ein Afroamerikaner registriert sei. „Kann denn in solch einem Staat irgendein Gesetz demokratisch genannt werden?"

Just auf der abendlichen Massenversammlung am Montag, während King an seinem Brief arbeitet, fragt Wyatt Walker die Anwesenden in der St. James Baptist Church, wer von ihnen nicht als Wähler registriert sei. Die rund hundert Menschen, die aufstehen, bittet er, sich am Mittwochvormittag vor der 16th Street Baptist Church einzufinden. Dort würde man ihre Antragsformulare durchsehen und Ratschläge erteilen, wie man vor dem Registrierungsbüro auftreten müsse.

Diese Ratschläge waren in der Tat unverzichtbar. Denn es war die zur Wahlteilnahme in den Vereinigten Staaten erforderliche Registrierung selbst, die das zentrale Problem für die Schwarzen darstellte. Neben der Gewalt und dem Terror seitens der Rassisten gab es verschiedene weitere Methoden, die Schwarzen von der Registrierung auszuschließen, vor allem die sogenannte *poll tax*, eine Kopfsteuer für Wähler, die faktisch nur für Schwarze galt, und den *literacy test*, mit dem angeblich geprüft werden sollte, ob die Wähler lesen und schreiben konnten, der dem zuständigen Beamten im Registrierungsbüro jedoch jeden erdenklichen Spielraum beließ, selbst Afroamerikaner mit Hochschulabschluss durchfallen zu lassen.

In Selma stellten Schwarze daher zwar die Mehrheit der Bevölkerung, aber höchstens drei Prozent der Wählerschaft. Das SNCC hatte sich unter Führung von John Lewis und Bernard Lafayette in Selma bereits seit 1962 für das Wahlrecht der Afroamerikaner engagiert, war dabei aber auf den entschlossenen Widerstand von Sheriff James G. Clark getroffen, einer lokalen Version Bull Connors, auf dessen Brust bezeichnenderweise ein Button mit der Aufschrift „Niemals" prangte. Das lokale Wählerregistrierungsbüro hatte nur zweimal pro Monat geöffnet, und dann verfuhr man nach der Devise: spät öffnen, lange Mittagspause und früh Feierabend machen. Darüber hinaus war es kaum möglich, den komplizierten Test zu bestehen, der Schwarzen dort vorgelegt wurde.

Präsident Johnson hatte sich in einem persönlichen Gespräch mit King dagegen ausgesprochen, zu diesem Zeitpunkt ein nationales Wahlrechtsgesetz zu verabschieden. Als Grund gab er an, dass die Verabschiedung des Bürgerrechtsgesetzes erst wenige Monate zurücklag und er freie Hand brauche für sein – in der Tat ambitioniertes – sozialstaatliches Programm, mit dem er eine *Great Society* ohne Armut schaffen wollte.

King war jedoch nicht gewillt, den Präsidenten die Agenda der Bewegung definieren zu lassen. Er hielt weiterhin genügend Abstand zur institutionellen Politik, um seine Unabhängigkeit zu bewahren, auch wenn er die begrenzten Handlungsspielräume selbst des Präsidenten nie aus den Augen verlor. Als die vor Ort in der *Dallas County Voters League* organisierten Schwarzen Anfang 1965 die SCLC um Unterstützung baten, zögerte er daher nicht, sich über Johnsons Intervention hinwegzusetzen und zu ihrer Unterstützung zu eilen.

Die taktische Ausrichtung der SCLC war in Selma, wie in Birmingham, ganz auf die Wirkung der Medien ausgerichtet. Im damals noch jungen Fernsehzeitalter galt es, die lokalen Autoritäten der Rassentrennung dazu zu bringen, ihre Gewalttaten vor laufenden Fernsehkameras zu verüben. Abernathy meinte, es gehe darum, „öffentlich sichtbar misshandelt" zu werden. Andrew Young, Kings „Chefunterhändler", der später Bürgermeister von Atlanta und Botschafter der Vereinigten Staaten bei der UNO werden sollte, hoffte, die Gewalt gegen die Demonstranten möge „mittags, auf der Hauptstraße, direkt vor den Fernsehkameras" der großen Sendeanstalten geschehen.

In den ersten Wochen der Kampagne verfehlte diese Taktik jedoch ihr Ziel. Zwar wurden Tausende Demonstranten inhaftiert, zu staatlichen Übergriffen kam es aber nicht.

Kurz nach Kings Verhaftung erklärte Präsident Johnson indes öffentlich, dass den Schwarzen das Wahlrecht zuerkannt werden müsse. Andrew Young, der Wyatt Walker inzwischen als SCLC-Direktor abgelöst hatte, setzte daraufhin alle weiteren Demonstrationen aus. King protestierte aus dem Gefängnis heraus heftig gegen diesen Schritt. Er wollte, dass die Proteste so lange weitergingen, bis ein entsprechendes Bundesgesetz das Wahlrecht aller Afroamerikaner garantierte.

Während King im Gefängnis saß, sprach am 3. Februar auch Malcolm X im nahe gelegenen Tuskegee, wo der brillante Redner seine Zuhörer begeisterte. Prompt luden SNCC-Aktivisten Kings prominentesten schwarzen Gegenspieler ein, am nächsten Tag auch in Selma eine Rede zu halten – angesichts der andauernden Konflikte zwischen „Snick" und King sicherlich nicht ohne Hintergedanken. Denn Malcolm X (oder, wie er sich jetzt nannte, Malik El-Shabazz) entsprach den politischen Vorstellungen der sich radikalisierenden Jugend zunehmend mehr als King. Er war kein Kind der *black middle class* des Südens, sondern der städtischen Unterschicht des Nordens, war in seiner Jugend als kleinkrimineller *hustler* auf den Straßen Bostons und Harlems sozialisiert worden und im Anschluss während seiner langjährigen Haftstrafe zum Islam konvertiert. Als wortgewaltiger Anführer des „schwarzen Nationalismus" in den USA musste er, anders als King, auch keine Rücksicht auf zögerliche weiße Verbündete nehmen und konnte entsprechend radikal auftreten. Seine Anhänger lebten denn auch vorwiegend dort, wo Kings Optimismus auf weniger fruchtbaren Boden fiel: in den innerstädtischen Ghettos, wo die elende Lebenssituation nicht auf gesetzlicher, sondern auf informellen Methoden der Ausgrenzung basierte.

Malcolm X hatte sich zu diesem Zeitpunkt allerdings längst vom ideologischen Korsett der fundamentalistischen *Nation of Islam* (NOI) Elijah Muhammads befreit, deren effektivstes Führungsmitglied er lange Jahre gewesen war. Er vertrat zwar weiterhin radikale Forderungen, die über das Programm der Bürgerrechtsbewegung hinausgingen – namentlich das Recht auf Selbstverteidigung im Angesicht rassistischer Gewalt und die Notwendigkeit einer internationalistischen Ausrichtung des Kampfes. Er polemisierte jedoch nicht länger gegen den politischen Kampf der Bürgerrechtsbewegung, wie er es als Prediger der NOI getan hatte, sondern war nunmehr gewillt, diesen zu unterstützen.

Das machte Malcolm X bereits auf der Pressekonferenz nach seiner Ankunft in Selma deutlich. „Ich möchte betonen, dass ich hundertprozentig hinter allen Anstrengungen von Schwarzen in diesem Land stehe, Zugang zum Wahlrecht zu erhalten. […] Und ich denke, dass die Menschen in diesem Teil der Welt gut beraten wären, Dr. Martin Luther King zuzuhören und ihm das zu geben, was er fordert, und es ihm rasch zu geben, bevor eine andere Fraktion kommt und es auf andere Weise zu erlangen sucht." Selbst die Frage nach der von ihm so scharf kritisierten Methode der Gewaltlosigkeit beantwortete Malcolm X, indem er die „sehr kluge Art und Weise" des gewaltfreien Protests herausstellte.

In seiner abendlichen Rede in der Brown Chapel A.M.E. Church präsentierte Malcolm X dann sein Vorhaben, die Vereinigten Staaten wegen Menschenrechtsverletzungen vor der UNO anzuklagen. Und er erinnerte, wie so oft, an eine Unterscheidung, die ihm besonders wichtig war: nämlich dass es bereits zur Zeit der Sklaverei „Haussklaven" und „Feldsklaven" gegeben hatte. Erstere fügten sich in ihre Unterwerfung, waren dem Sklavenhalter immer und überaus beflissen zu Diensten, während Letztere sich dem System in jeder erdenklichen Art und Weise widersetzten. Früher hatte er an diese Passage immer die Unterscheidung zwischen dem *house negro* King und dem *field negro* Malcolm X angeschlossen. Jetzt, wo er die NOI verlassen hatte, unterließ er diese Personalisierung.

Immerhin waren die dreihundert Aktivisten in der Kirche dann aber doch so aufgeputscht von seiner Rede, dass Coretta Scott King hereingebeten wurde, um die Taktik der Gewaltlosigkeit noch einmal darzulegen und die Menge zu beruhigen. Malcolm X sprach kurz mit Frau King und erklärte ihr, dass er ihren Mann leider nicht im Gefängnis besuchen könne, da er zu einer Rede nach London aufbrechen müsse, wo er an der berühmten *London School of Economics* sprechen sollte. (Malcolm X und King waren sich überhaupt nur ein einziges

Mal kurz begegnet, auf den Stufen des Kapitols während der Beratungen über das Bürgerrechtsgesetz im Vorjahr.) Dann stellte „Mr. X" ihr gegenüber klar, warum er nach Selma gekommen war: „Ich möchte, dass Dr. King weiß, dass ich nicht nach Selma gekommen bin, um seine Aufgabe zu erschweren. Ich bin tatsächlich in dem Glauben gekommen, es ihm leichter zu machen. Denn wenn die Weißen erkennen, worin die Alternative besteht, sind sie vielleicht eher gewillt, Dr. King zuzuhören."

Diese Worte belegen, dass sich Malcolm X bewusst war über die „Arbeitsteilung", die zwischen King und ihm bestand – eine Art *good cop, bad cop*. Die Botschaft war eindeutig: Sollte der gemäßigte King keinen Erfolg haben, drohte der radikalere Malcolm X noch mehr Zuspruch seitens der Afroamerikaner zu bekommen. Nicht zufällig schätzten große Teile der weißen Bevölkerung King gerade deshalb, weil sie Malcolm X fürchteten. Diese Logik beeinflusste auch das Handeln der Kennedys: „Wenn King verliert, werden schlimmere Führer seinen Platz einnehmen. Denk an die schwarzen Muslime", sagte der Justizminister zu seinem älteren Bruder.

Für die afroamerikanische Bevölkerung hingegen repräsentierten die beiden, wie der Befreiungstheologe James H. Cone schreibt, „das ‚Yin und Yang' tief in der Seele des schwarzen Amerika". Sie hätten sich, so Cone weiter, wechselseitig „korrigiert und ergänzt". Nach der Ermordung von Malcolm X sollte King denn auch die Annäherung seines langjährigen Kritikers anerkennen und betonen, dieser habe sich „in Richtung eines größeren Verständnisses der gewaltfreien Bewegung und zu mehr Toleranz gegenüber Weißen bewegt".

Die Ermordung von Malcolm X nur zwei Wochen nach seinem Auftritt in Selma dürfte King auch deshalb besonders berührt haben, weil die Morddrohungen gegen seine Person ebenfalls wieder stark zugenommen hatten. Nachdem King zu Beginn der Selma-Kampagne von einem weißen Rassisten tätlich angegriffen worden war, drängten ihn seine Mitstreiter wiederholt, an bestimmten Aktionen gar nicht erst teilzunehmen. Diese Warnung galt insbesondere für die nächtlichen Demonstrationen, auf die sich die Bewegung Mitte Februar schließlich verlegte.

Und tatsächlich kam es am 17. Februar, als der Demonstrationszug nachts von der Zion Chapel Methodist Church aufbrach, zu einem Ausbruch staatlicher Gewalt. Die Polizisten des Bundesstaates, die Gouverneur Wallace zur Unterstützung geschickt hatte, begannen praktisch ohne Vorwarnung eine wahre Gewaltorgie, in deren Folge der junge schwarze Vietnamveteran Jimmie Lee Jackson durch zwei Bauchschüsse starb.

Dies führte zwar nicht zu einem Aufschrei der nationalen Öffentlichkeit, verstärkte jedoch die Einheit und Entschlossenheit der lokalen Bewegung. In seiner Trauerrede auf der Beerdigung kritisierte King die zögerliche Haltung der Bundesregierung und ihren mangelnden Schutz der Bürgerinnen und Bürger. Aus seiner zuvor geäußerten Idee, mit einem Autokorso von Selma nach Montgomery zu protestieren, entwickelte sich nun der Vorschlag eines mehrtägigen Marsches. Auch King selbst war dafür. „Ich kann euch nicht versprechen, dass ihr nicht geschlagen werdet", sagte er auf einer der abendlichen Versammlungen in der Brown Chapel. „Ich kann euch nicht versprechen, dass euer Haus nicht zerstört wird. Ich kann euch nicht versprechen, dass ihr nicht ein wenig Angst bekommt. Aber wir müssen für das eintreten, was recht ist."

Die Warnung vor Gewalt war überaus begründet, denn Gouverneur Wallace hatte zuvor unmissverständlich klargestellt: „Ein solcher Marsch kann und wird nicht toleriert werden."

Dennoch weilte King auf Grund des Drängens seiner Mitstreiter angesichts der Morddrohungen nicht in Selma, um den Marsch am 7. März 1965 anzuführen. Diese Aufgabe übernahmen Hosea Williams für die SCLC und John Lewis vom SNCC. Am Ortsausgang, auf der ausgerechnet nach einem Brigadegeneral der Konföderierten benannten Edmund-Pettus-Brücke, wurde ihr Marsch von einem großen Polizeiaufgebot, darunter die berittene Einheit des Sheriffs von Selma, gestoppt. Der Polizeimajor brüllte durchs Megafon: „Dies ist eine ungesetzliche Versammlung. Sie haben zwei Minuten, um umzukehren und zu ihrer Kirche zurückzugehen." Der Demonstrationszug rührte sich nicht. Plötzlich befahl der Major den Einheiten: „Vorwärts!"

Sofort rannten die Polizisten los und prügelten mit Knüppeln auf die Demonstranten ein. Daraufhin galoppierte auch die Reiterstaffel in die zurückweichenden Demonstrantenreihen. Sheriff Clark rief: „Schnappt euch die gottverdammten Nigger! Und schnappt euch auch die gottverdammten weißen Nigger!" Bei fliegenden Tränengasgranaten und unter dem Gejohle des am Straßenrand zuschauenden weißen Mobs zogen sich die Demonstranten in die Brown Chapel Church zurück.

Diese als „Blutiger Sonntag" in die Geschichte eingehende Nacht sorgte für landesweite Schlagzeilen; der Fernsehsender ABC unterbrach sogar sein Programm über Nazi-Kriegsverbrechen, um Bilder der „Orgie der Polizeigewalt" (*Time Magazine*) einzuspielen. In den Folgetagen kam es zu Solidaritätsdemonstrationen im ganzen Land. Zahlreiche Unterstützer, darunter Hunderte Pastoren, Rabbis und Nonnen, reisten an, um sich an den Demonstrationen zu beteiligen.

Auf der nächsten Abendversammlung kochte die Stimmung, ein weiterer Marsch war nun unvermeidlich. Die SNCC-Aktivisten, die nicht um die Morddrohungen wussten, warfen King vor, am Sonntag nicht dabei gewesen zu sein, woraufhin King erklärte, den Marsch am folgenden Tag anführen zu wollen.

Dabei ergab sich jedoch ein Problem: Der zuständige Bundesrichter ordnete nämlich an, dass die Polizei den Marsch nicht aufhalten durfte; zugleich verlangte er jedoch, die Proteste bis zur gerichtlichen Anhörung am 11. März auszusetzen. Auch Präsident Johnson ließ King wissen, er erwartete, dass der gerichtlichen Anordnung Folge geleistet würde.

Einmal mehr sah sich King in einem Dilemma: Wollte er die Bewegung nicht enttäuschen und die Entfremdung des SNCC nicht vergrößern, konnte er die Demonstration nicht einfach absagen; wollte er ein wirksames Wahlrechtsgesetz durchsetzen, durfte er Johnson und die Bundesjustiz nicht brüskieren. Damit war er eingekeilt zwischen den Aktivisten und denen, die die gesetzliche Garantie des Wahlrechts politisch umsetzen konnten.

Er verlegte sich deshalb auf eine durch Beamte der Bundesregierung vermittelte geheime Absprache, derzufolge die Polizei nicht einschreiten sollte, die Demonstranten aber an der gesperrten Brücke nach einem kurzen Gebet von sich aus umkehren würden. So geschah es dann tatsächlich: Eintausend Schwarze und fünfhundert Weiße marschierten los und sangen – ausgerechnet! – den Bewegungssong „Ain't Gonna Let Nobody Turn Me 'Round". Auf der Brücke knieten alle zum

Gebet nieder. Anschließend stand King auf und kehrte um. Die Demonstranten folgten ihm, konsterniert darüber, dass er tatsächlich abgedreht, ja vor der Gewalt gewichen war.

Die Diskussionen im Anschluss an die abgebrochene Demonstration waren für King extrem hart. Persönlich war er davon überzeugt, dass der „Blutige Sonntag" das Ziel, einen Aufschrei der nationalen Öffentlichkeit, bereits erreicht hatte und der Demonstration am Dienstag deshalb keine besondere strategische Bedeutung mehr zukam. Die Aktivisten vor Ort sahen das jedoch ganz anders. In ihren Augen war King eingeknickt, hatte er doch zuvor immer das Recht auf den Marsch betont, sich an diesem Tag aber dennoch, scheinbar freiwillig, zurückgezogen. Hinzu kam, dass King erst leugnete, eine Absprache getroffen zu haben, schließlich aber doch zugeben musste, eine solche eingegangen zu sein. Seine Erklärung, man habe das eigene Anliegen auch auf diese Weise deutlich gemacht, verfing bei den Aktivisten nicht. Kurz: Der Aufschrei war groß. Insbesondere bei „Snick" zeigte man sich verärgert über die Absprache und sprach verächtlich von einer „Dienstags-Kehrtwende". James Forman polemisierte gar gegen ein, wie er es nannte, „klassisches Beispiel von Volksbetrug". Das SNCC erklärte seinen Rückzug aus Selma.

Es war das Unglück anderer, das King rettete. Am selben Dienstag wurden nämlich drei weiße Pastoren angegriffen, die nach Selma gekommen waren, um den Marsch zu unterstützen. Einer von ihnen, James Reeb aus Boston, starb kurz darauf an den Folgen eines Schlages mit einem Baseballschläger auf seinen Kopf. Daraufhin kam es zu bundesweiten Protesten. Zehntausende demonstrierten in Detroit, Washington, Harlem und anderen Städten. Auch zahlreiche Kongressmitglieder protestierten gegen das Vorgehen.

Vor allem aber erwies sich, dass Präsident Johnson, der Texaner, viel schneller auf den Missstand reagierte, als es Kennedy je getan hatte. Unmittelbar nach dem Tode Reebs bestellte er Gouverneur Wallace ins Weiße Haus ein und betonte auf der anschließenden Pressekonferenz unmissverständlich, dass er auf dem Wahlrecht für die Schwarzen bestehe. Am 15. März, nur acht Tage nach dem „Blutigen Sonntag", hielt er auf einer gemeinsamen Sitzung der beiden Häuser des Kongresses eine Rede zum Wahlrechtsgesetz, die live von 70 Millionen Amerikanern verfolgt wurde. King, der die Sitzung ebenfalls am Fernseher miterlebte, hielt diese Rede für „eines der eloquentesten, eindeutigsten und leidenschaftlichsten Plädoyers für Menschenrechte, das jemals ein Präsident der Vereinigten Staaten gehalten hat".

Und in der Tat: Lyndon B. Johnson redete nicht um den heißen Brei. Er erklärte das Wahlrecht zum „grundlegendsten Recht" der amerikanischen Demokratie, das unverzüglich garantiert werden müsse: „Wir sollten nicht und wir können nicht und wir dürfen nicht weitere acht Monate warten, bis wir ein Gesetz bekommen. Wir haben schon hundert Jahre und mehr gewartet, und die Zeit des Wartens ist nun vorbei." Die Sklavenbefreiung, die Abraham Lincoln während des Bürgerkriegs unterzeichnet hatte, sei „kein Faktum", sondern immer noch ein „uneingelöstes Versprechen". „Die Zeit der Gerechtigkeit ist jetzt gekommen."

Aber der Präsident aus dem amerikanischen Süden wurde noch deutlicher: „Der wahre Held dieses Kampfes ist der amerikanische Neger. Seine Aktionen und Proteste, sein Mut, die eigene Sicherheit und sogar das eigene Leben zu riskieren, haben das Gewissen dieser Nation wachgerüttelt. Seine Demonstrationen waren darauf angelegt, Aufmerksamkeit für

Ungerechtigkeit zu erzeugen, Veränderungen zu bewirken, Reformen hervorzurufen. Er hat uns aufgerufen, das Versprechen Amerikas zu verwirklichen. Und wer unter uns kann sagen, dass wir denselben Fortschritt erzielt hätten ohne seine beharrliche Tapferkeit und ohne seinen Glauben an die amerikanische Demokratie." Selbst die direkte Bezugnahme auf die „Hymne" der Bürgerrechtsbewegung scheute Johnson nicht: „And we shall overcome."

Tatsächlich sollte der Kongress Anfang August mit überwältigender Mehrheit das Wahlrechtsgesetz verabschieden. In der Folge schoss die Registrierung schwarzer Wählerinnen und Wähler nach oben; in Selma selbst stieg sie rasch auf über sechzig Prozent.

Die Folgen des Wahlrechtsgesetzes waren durchschlagend: 1968 konnte erstmalig in der Geschichte der USA die Mehrheit der Schwarzen an einer Wahl teilnehmen. Dass allerdings nur vierzig Jahre später mit Barack Obama ein Afroamerikaner gar zum 44. Präsidenten gewählt werden würde, hätte damals niemand auch nur zu träumen gewagt.

Die Selma-Kampagne mobilisierte mit ihrem Fokus auf das uramerikanische Wahlrecht die größte öffentliche Unterstützung, gerade aus dem Norden, die der Bewegung je zuteil wurde. Und kein Präsident handelte schneller und entschiedener als Johnson. Damit hatten King und die Bewegung die Macht ihres gewaltfreien Protestes unter Beweis gestellt. Und dennoch musste die Bürgerrechtsbewegung einen Preis für diesen Sieg zahlen: die weitere Vertiefung der Spaltung in den eigenen Reihen.

King aber wollte dem Rat auch aus den eigenen Reihen, mit den jungen „Snick"-Radikalen zu brechen, nicht Folge leisten. Im Gegenteil: Für den schließlich genehmigten Marsch von

Selma nach Montgomery versuchte er, auch den SNCC zu gewinnen. Doch vergeblich. Selbst der Versuch, über seinen Freund Harry Belafonte zu vermitteln, vermochte James Formans Haltung nicht zu ändern; von der SNCC-Führung nahm am 21. März lediglich John Lewis an dem Triumphzug teil.

Als am 25. März Zehntausende in Montgomery einzogen, nahmen, anders als beim Busboykott zehn Jahre zuvor, auch viele Weiße an der Demonstration teil. King erklärte auf der Kundgebung, „dass die Rassentrennung auf ihrem Totenbett liegt, und die einzige Ungewissheit diejenige ist, wie teuer die Segregationisten und Wallace die Beerdigung machen werden".

Noch am selben Abend zeigte sich, wie teuer sie tatsächlich sein würde – und dies keineswegs nur für die Schwarzen: Viola Liuzzo, Mutter von fünf Kindern, die spontan aus Detroit zur Unterstützung nach Selma gekommen war, wurde, nachdem sie in ihrem Auto Demo-Teilnehmer zurück nach Selma gefahren hatte, auf der Rückfahrt vom Ku-Klux-Klan getötet.

In dem Klan-Auto, aus dem heraus sie bei laufender Fahrt erschossen wurde, saß auch ein Informant des FBI.

Kapitel 12
Federal Bureau of Investigation

Der FBI-Informant, der als Mitglied der *Eastview Klavern No. 13 of the Ku Klux Klan* an der Ermordung von Viola Liuzzo beteiligt war, hieß Gary Thomas Rowe. Er war bereits in den frühen 1960er Jahren in Birmingham dadurch aufgefallen, dass er sich an der Misshandlung der „Freiheitsfahrer" vor dem Busbahnhof beteiligt hatte. Auch war seine Rolle bei der Serie von Bombenanschlägen bestenfalls dubios; es ist nicht einmal auszuschließen, dass er vorab Kenntnis besaß über die Planung des Anschlags auf die 16th Street Baptist Church, bei dem vier Mädchen starben. Dies belegt, dass sich die Bundesbehörde in ihrer Arbeit überaus zwielichtiger Gestalten bediente.

Noch ungeheuerlicher aber als selbst die bezahlte Tätigkeit derartiger Dunkelmänner waren die Methoden, deren sich das FBI in seinem Kampf gegen Martin Luther King und die Bürgerrechtsbewegung bediente. Die Bundespolizei scheute nicht einmal vor dem Einsatz illegaler Maßnahmen zurück.

Dabei hatte sich das FBI anfangs kaum für King und die Bürgerrechtsbewegung interessiert. Während des Busboykotts in Montgomery hatte das lokale Büro in Mobile/Alabama zwar einige Informationen gesammelt, diese aber nicht einmal an das Hauptquartier in Washington weitergeleitet. Dort wurde erst im September 1958 eine Akte über King angelegt. Der Anlass hierfür war skurril: Benjamin Davis hatte ihm nämlich unmittelbar nach dem Brieföffner-Attentat Blut gespendet. Davis aber war ein afroamerikanischer Kommunist aus Harlem, der in den 1940er Jahren wiederholt in den Stadtrat New Yorks gewählt worden war, bis er im Zuge der antikommunistischen McCarthy-Hysterie von diesem ausgeschlossen und zu fünf Jahren Gefängnis verurteilt wurde. Eine Blutspende von einem Kommunisten erhalten zu haben reichte damals schon zur Eröffnung einer Akte beim FBI aus.

Die Führung des FBI wurde erstmalig auf King aufmerksam, als er im Februar 1961 einen Artikel in der linksliberalen Wochenzeitung *The Nation* veröffentlichte, in dem er unter anderem das Ende rassistischer Diskriminierung in Bundeseinrichtungen, einschließlich des FBI, forderte. Hinsichtlich Kritik an ihrer Behörde waren Hoover und seine Untergebenen ganz offensichtlich hypersensibel.

In Aktion trat die Führung des FBI, als sie Anfang Januar 1962 über einen Informanten erfuhr, dass Stanley Levison Kings viel beklatschte Rede („If the Negro wins, labor wins") für den AFL/CIO-Gewerkschaftskongress geschrieben hatte. Das Hauptquartier besaß über Levison nämlich eine dicke Akte, weil der Anwalt in der ersten Hälfte der 1950er Jahre in finanzielle Geschäfte der KPUSA involviert gewesen war. Das FBI hatte ihn aus diesem Grunde schon damals, zur Hochzeit der antikommunistischen Hexenjagd Joseph McCarthys und des notorischen *House Committee on Un-American Activities*, abgehört und beschattet. Nachdem Levison sich dann Mitte 1955 von der KP zurückgezogen hatte, verlor das FBI rasch das Interesse an seiner Person.

Als man in Washington davon erfuhr, dass Levison in engem Kontakt zu King stand, ja mit ihm befreundet war, bastelte man in der Behörde umgehend an Verschwörungstheorien. Könnte es nicht sein, fragte man sich, dass sein Rückzug von der KP nur eine Tarnung sei und seine eigentliche Mission darin bestehe, im geheimen Parteiauftrag Einfluss auf King und die Bewegung zu gewinnen?

Diese Logik mochte in der Zeit des Kalten Krieges eine gewisse Plausibilität besessen haben, um einen wagen Anfangsverdacht zu begründen. Im FBI galt dieser bloße Verdacht jedoch sofort als unumstößliche Tatsache. Man setzte sich dabei sogar wiederholt über anderslautende Erkenntnisse eigener Mitarbeiter hinweg. So verschwand beispielsweise die brisante Nachricht in der Versenkung, dass dieselben Informanten, die damals über Levisons Aktivitäten berichtet hatten, nun meldeten, dieser sei in KP-Kreisen nicht länger wohlgelitten. Auch besaß die Behörde nicht einmal für die Jahre vor 1955 einen Beleg für eine etwaige KP-Mitgliedschaft Levisons, geschweige denn für die Zeit seitdem. Und der Bericht des FBI-Büros in Atlanta, demzufolge kein nennenswerter kommunistischer Einfluss auf King und die Bürgerrechtsbewegung festzustellen sei, löste in Washington nur eines aus: die an das Büro gerichtete Aufforderung, einen neuen Bericht zu verfassen.

FBI-Chef Hoover, der im Stile McCarthys sofort von einer kommunistischen Verschwörung überzeugt war, informierte umgehend den Justizminister, dass Levison, den er als „Mitglied" der KPUSA bezeichnete, „ein enger Berater" Kings sei. Diese Art Information ließ Kennedy aufhorchen. Wenig später genehmigte er daher Hoovers Antrag, Levisons Büro zu verwanzen und sein Telefon abzuhören.

Danach bedurften Hoover und das FBI nur noch eines Streichholzes, um einen Flächenbrand zu entfachen. Nachdem die Abhöraktion ein viertel Jahr lang keinerlei Belege für die eigenen Theorien erbracht hatte, musste schließlich ein

Telefonat zwischen Levison und Jack O'Dell als Streichholz herhalten. Denn O'Dell, der für die SCLC vor allem Spenden sammelte, war in den 1940er und 1950er Jahren erklärtermaßen KP-Mitglied gewesen. Politisch sozialisiert in der Seefahrergewerkschaft *National Maritime Union*, hatte er für die Partei unter anderem als *Organizer* in New Orleans gearbeitet. In dem abgehörten Telefonat berichtete Levison, dass er King vorgeschlagen habe, O'Dell zum Assistenten der Geschäftsführung zu machen. Dabei habe er ihm auch dessen Vergangenheit dargelegt. Aber King habe geantwortet, wie er es sinngemäß immer tat: „Was auch immer ein Mann war, wenn er jetzt aufsteht und sagt, dass er nicht dazugehört, dann ist er, was mich betrifft, geeignet, für mich zu arbeiten."

Der FBI-Führung in Washington hingegen genügte bereits der bloße Verdacht gegen Levison und O'Dell, Martin Luther King auf den *Security Index* zu setzen, das heißt auf die Liste der Personen, die im Falle eines nationalen Notstandes zu internieren seien. Mehr noch: Man beschloss eine COMINFIL-Untersuchung, eine umfassende Prüfung der vermeintlichen „kommunistischen Infiltration" der SCLC. Bald ging man sogar dazu über, COINTELPRO-Maßnahmen der Spionageabwehr gegen King und die Bewegung einzusetzen, die – wie William C. Sullivan, einer der führenden FBI-Beamten, später vor einem Untersuchungsausschuss des Senates zugeben sollte – direkt aus dem Kampf gegen die Wehrmacht im Zweiten Weltkrieg stammten.

Die erste Methode, die dabei zum Einsatz kam, war die Lancierung von Zeitungsartikeln aus der Feder von FBI-Agenten. Ende Oktober 1962 wurde über fünf Lokalzeitungen die Story verbreitet, O'Dell arbeite als „Geschäftsführer" der SCLC und sei ein „geheimes Mitglied" der KPUSA.

Auch wenn die nationalen Zeitungen die Story nicht aufgriffen, erfuhr King von ihr über die Veröffentlichung im *New Orleans Times-Picayune*. Angesichts der potenziell zerstörerischen Brisanz des Vorwurfs, in der SCLC sitze ein „Kommunist" quasi an den Schalthebeln, sah King sich zu einem Statement veranlasst, in dem er richtigstellte, dass O'Dell keineswegs Geschäftsführer der SCLC sei. Zugleich gab er dessen „zeitweiligen Rückzug" aus der SCLC bekannt.

Wenig später wurde King von der Presse zu einem Bericht aus der Feder des Historikers Howard Zinn befragt. Zinn hatte geschrieben, dass es unter Afroamerikanern im Süden Misstrauen gegenüber örtlichen Mitarbeitern des FBI gebe, weil die Behörde sich während der laufenden SCLC-Kampagne in Albany einseitig verhalte. King stimmte dieser Beschreibung zu: „Die Mitarbeiter sind weiße Südstaatler, die von den Sitten ihrer Gemeinde beeinflusst sind. Um ihre Stellung zu erhalten, müssen sie mit der Polizei und den Menschen vor Ort, die die Rassentrennung fördern, freundschaftlich umgehen."

Wenn King geahnt hätte, was er mit diesem Statement auslösen würde, hätte er sich vermutlich einer Stellungnahme enthalten. Denn FBI-Chef Hoover war angesichts dieser Kritik an seiner Behörde geradezu außer sich und wollte jetzt endgültig den „Subversiven" King zerstören.

Das FBI reagierte deshalb mit aller Härte. Im Januar 1963, während King die Birmingham-Kampagne vorbereitete, wurde Robert Kennedy informiert, dass King angeblich nicht bereit sei, mit Vertretern der Behörde zu sprechen – eine groteske Übertreibung, denn in Wirklichkeit hatte er lediglich zwei Telefonanrufe nicht erwidert, von denen er nicht einmal wusste, dass sie von FBI-Agenten stammten. Im Anschluss verstärkte Robert Kennedy den Druck auf King, O'Dell endgültig zu entlassen und den Kontakt zu Levison abzubrechen.

Bei einer Audienz im Weißen Haus nahm dieses Bestreben geradezu bizarre Züge an: Zuerst verlangten Justizminister Kennedy und sein Stellvertreter Marshall nacheinander in persönlichen Gesprächen, King solle sich unverzüglich von seinen beiden Mitstreitern trennen. Anschließend engagierte sich auch noch der Präsident persönlich in dieser Sache und ermahnte King in einem Vier-Augen-Gespräch im Rosengarten: „Ich nehme an, Sie wissen, dass Sie unter strenger Beobachtung stehen", sagte Kennedy und forderte, jeden Kontakt zu O'Dell und Levison abzubrechen: „Das sind Kommunisten. Sie müssen sie loswerden."

King verlangte auch vom Präsidenten handfeste Beweise dafür, dass seine beiden Mitarbeiter Kommunisten seien. Insbesondere war er nicht bereit, den Kontakt zu Levison, dem Berater, dem er so sehr vertraute, gewissermaßen auf Zuruf zu beenden. In internen Diskussionen verwahrten sich auch andere Aktivisten, allen voran Harry Belafonte, gegen jedwede Distanzierung.

Als das FBI dann erneut Zeitungsartikel über die Verbindungen zwischen King und dem „Kommunisten" O'Dell lancierte, sah er sich aber schließlich doch genötigt, dessen endgültigen Rückzug aus der SCLC zu erklären. Auch den Kontakt zu Levison brach er – ausgerechnet auf Vorschlag des angeblichen Kommunisten selbst – öffentlich ab, hielt jedoch insgeheim über Clarence Jones einen Verbindungskanal aufrecht.

Da King freimütig mit Jones verkehrte, erhielt das FBI, das Jones inzwischen ebenfalls abhörte, nun auch Informationen über sein Privatleben, einschließlich seiner zahlreichen Affären. Hoover informierte hierüber den Justizminister, der den einschlägigen Bericht umgehend an seinen Bruder weiterleitete. Eine Abhörgenehmigung für King selbst mochte Kennedy allerdings aus Vorsicht noch nicht gestatten. Nur wenig später schickte das FBI dann jedoch erneut einen Bericht, der besagte, dass King immer noch in Kontakt mit Levison stehe und O'Dell gesehen worden sei, wie er sich eine Stunde lang im New Yorker SCLC-Büro aufgehalten habe. Nunmehr war Robert Kennedy bereit, auch die Telefonüberwachung und den Einsatz von Wanzen gegen King und die SCLC-Büros zu genehmigen.

Diese Erlaubnis zur uneingeschränkten Überwachung bestätigt, dass das Verhältnis zwischen den Brüdern Kennedy und King keineswegs so eng und herzlich war, wie es die Parteigänger der Politikerfamilie im Nachhinein gern behaupteten. Zwar hatte das FBI teilweise die Informationen frisiert, die an den Justizminister weitergeleitet wurden. Auch sollte später wiederholt vermutet werden, dass die Genehmigung zur Überwachung auch deshalb erfolgt sein könnte, weil Hoover über die zahllosen Affären des Präsidenten (darunter mit einer Geliebten des Mafia-Bosses von Chicago und einer mutmaßlichen Spionin aus Ostdeutschland) im Bilde gewesen sei und der Justizminister ihm auf Grund dieses Drohpotenzials kaum einen Wunsch abschlagen mochte. Der Kern für die Entscheidung, King überwachen zu lassen, lag allerdings darin, dass Robert Kennedy, wie er später selbst einräumte, besorgt war über einen angeblichen „kommunistischen Einfluss" auf King. In jedem Fall überwog also die antikommunistische Vermutung der Kennedys ihr Vertrauen in den gänzlich unbelasteten Führer der Bürgerrechtsbewegung.

Dass die KPUSA nach ihrer Verfolgung in der McCarthy-Ära und insbesondere nach den Offenbarungen des 20. Parteitags der KPdSU 1956 nur noch ein Schatten ihrer selbst war, scheint den antikommunistischen Verschwörungstheorien keinen Abbruch getan zu haben. Dabei zeigten selbst die internen Erhebungen des FBI, dass die Partei zu dieser Zeit im ganzen Land mit seinen damals knapp 200 Millionen Einwohnern nur noch 4453 Mitglieder hatte.

Hoover ignorierte jedoch weiterhin systematisch interne FBI-Berichte, die zu dem Ergebnis kamen, dass es keinen nennenswerten Einfluss der KPUSA auf die Bürgerrechtsbewegung gab. Und obwohl die sechs Jahre dauernde Überwachung Levisons keinerlei Beleg erbrachte, ging das FBI ungebrochen von dessen KP-Mitgliedschaft aus. Den Mangel an Beweisen wischte man beiseite, mehr noch: Er galt paradoxerweise sogar als Beleg für das Geschick eines klugen Agenten.

Für das FBI war und blieb King ein „Kommunist". Mit dieser Einschätzung bewegte sich das FBI in die Nähe von rechtsradikalen, die Anhänger der Rassentrennung unterstützenden Gruppen wie Ku-Klux-Klan und *John Birch Society*, die in der Bürgerrechtsbewegung ebenfalls eine „kommunistische Verschwörung" sahen.

Mit der Genehmigung zum Abhören Kings in der Tasche öffnete die Behörde nun das gesamte ihr zu Gebote stehende Waffenarsenal. Am 23. Dezember 1963 hielt man Waffenschau. Unter der Leitung Sullivans berieten sich mehrere, teils hochrangige FBI-Mitarbeiter in einer neunstündigen Sitzung über „Verfahrensweisen, die darauf abzielten, King als erfolgreichen Negerführer zu neutralisieren". Dabei wurden 21 Vorschläge diskutiert, darunter die mögliche „Nutzung" von Pastoren, „verärgerten" Bekannten, „feindlich gesonnenen" Reportern, „farbigen" Agenten, Kings Haushälterin und selbst seiner Ehefrau. Im Protokoll der Sitzung wurde vermerkt, es sei die übereinstimmende Meinung der Beteiligten gewesen, dass man zu Kings Diskreditierung „alle verfügbaren Investigationsmethoden, verbunden mit sorgfältiger Planung, Kühnheit und Scharfsinn" nutzen wollte. Im Anschluss erging die Anweisung an die FBI-Büros in New York und Atlanta, Maßnahmen zu ergreifen, „die geeignet sind, [King] zu neutralisieren oder vollständig zu diskreditieren".

Die Maßnahmen des FBI betrafen buchstäblich alle Aspekte des Lebens. Es handelte sich um eine unglaubliche Schmutzkampagne. Man überprüfte Kings Steuererklärungen und versuchte ein Jahr lang das Gerücht zu etablieren, dass ausgerechnet er, der in Wahrheit fast seine gesamten – erheblichen – Einkünfte selbstlos an die Bewegung spendete, insgeheim Geld für private Zwecke beiseiteschaffe und ein geheimes Auslandskonto besitze. Agenten traten in Kontakt zu religiösen Führungspersönlichkeiten und Institutionen (darunter *National Council of Churches* und *Baptist World Alliance*) und forderten diese auf, sie „sollten King vollständig isolieren und ihn aus der Funktion entfernen, die er gegenwärtig in den Bürgerrechtsaktivitäten besetzt". Auch andere tatsächliche und potenzielle Bündnispartner suchte man in diesem Sinne zu beeinflussen. Selbst Kongressmitglieder wurden „informell" über die Gefahren informiert, die angeblich von King ausgingen. Immer wieder lancierte das FBI negative Artikel in die Presse und unternahm Anstrengungen, jedwede positive Berichterstattung zu unterbinden. Um Kings moralische Autorität zu untergraben, setzten Agenten unter Journalisten und Kongressmitgliedern sogar Tonbänder in Umlauf, die man in den verwanzten Hotelzimmern Kings aufgenommen hatte und auf denen Party- und Sexgeräusche zu hören waren. Überhaupt schien man im FBI-Hauptquartier geradezu besessen von Kings Affären, war die sexuelle Angst des weißen vor dem schwarzen Mann hier offenbar weit verbreitet.

Der lange Arm des FBI reichte bis ins Ausland. So intervenierte die Behörde bei amerikanischen Botschaftern und selbst ausländischen Staatschefs, von Banketten und ähnlichen Veranstaltungen zu Ehren Kings abzusehen. Als man in Washington etwa davon erfuhr, dass King beabsichtigte, den Papst zu besuchen, schickte man prompt einen Agenten in den Vatikan, um das Treffen zu verhindern.

Das FBI versuchte auch, der SCLC ihre Finanzierungsquellen zu entziehen, und wandte sich in dieser Angelegenheit direkt an religiöse Organisationen, mindestens eine Gewerkschaft und die Ford-Stiftung. Zur Abschreckung wurden darüber hinaus Einzelspender gewarnt, dass die SCLC-Einkünfte vom Finanzamt geprüft würden. Diese Maßnahmen und die Gerüchte über King erschwerten es der SCLC erheblich, die für die eigene Arbeit dringend benötigten Spenden zu sammeln.

Ende 1964 schließlich nannte FBI-Chef Hoover King in aller Öffentlichkeit „einen der miesesten Charaktere" und „größten Lügner des Landes". King hatte die Bundesbehörde bislang immer noch als Verbündeten im Kampf gegen die Rassentrennung im Süden angesehen. Nach diesem Statement Hoovers jedoch läuteten bei ihm die Alarmglocken. Er gab ein wachsweiches Statement ab und erbat bei Hoover einen Termin für ein persönliches Gespräch. Das Gespräch fand zwar statt, erbrachte aber keinerlei Ergebnisse. Denn Hoover war längst entschlossen, King zu vernichten.

Etwa zu dieser Zeit schickte das FBI denn auch eine Postsendung an King, die intern als „Selbstmordpaket" bekannt war. In diesem befanden sich ein Zusammenschnitt von Aufzeichnungen aus den Abhöraktionen, der Kings Affären dokumentierte, und ein Brief, der ihm den Selbstmord nahelegte: „King, schau in dein Herz. Du weißt, dass du ein totaler Betrüger bist [...]. Du bist kein Geistlicher und du weißt es. [...] King, wie für alle Betrüger ist dein Ende gekommen [...]. Die amerikanische Öffentlichkeit, die Kirchenorganisationen, die geholfen haben – Protestanten, Katholiken und Juden –, werden erkennen, was du bist: eine üble Kreatur. Das werden auch die anderen, die dich unterstützt haben. Du bist erledigt. King, es bleibt nur eines, was du noch tun kannst. Du weißt, was es ist. [...] Es gibt nur einen Ausweg für dich. Besser, du ergreifst ihn, bevor dein dreckiges, betrügerisches Selbst vor der Nation entblößt wird."

Ab diesem Zeitpunkt informierte das FBI King auch nicht mehr über gegen ihn geplante Mordanschläge und lehnte es ab, seinen Personenschutz zu übernehmen.

In Kings letztem Lebensjahr intensivierte die Behörde ihre Kampagne zur „vollständigen Diskreditierung" Kings. Um eine Radikalisierung der Bewegung zu verhindern, die jetzt immer öfter nicht die Integration in die Gesellschaft, sondern reale *Black Power* forderte, initiierte man ein neues COINTELPRO: „Der Zweck dieser neuen Counterintelligence-Maßnahme ist es, die Aktivitäten von schwarz-nationalistischen, auf Hass beruhenden Organisationen und Gruppen, ihren Führungen, Sprechern, Mitgliedern und Unterstützern zu entlarven, zu stören, irrezuleiten oder auf andere Weise zu neutralisieren und ihrer Neigung zu Gewalt und Unruhestiftung entgegenzuwirken." Nunmehr definierte man in Washington selbst Gruppen wie SCLC, CORE und SNCC als „Hass-Gruppen". Kurz vor seiner Ermordung würde man sogar King, den Propheten der Gewaltlosigkeit und Feindesliebe, als potenziellen Anführer vermeintlicher „Hass-Gruppen" einstufen.

Die Obsession des FBI endete nicht einmal mit Kings Tod. Der vom Kongressabgeordneten John Conyers angestoßenen Initiative, einen King gewidmeten nationalen Feiertag ins Leben zu rufen, begegnete das Hauptquartier mit weiteren Versuchen seiner Diskreditierung.

Der Grund hierfür war allerdings nicht das Engagement Kings gegen die gesetzliche Rassentrennung. Er lag vielmehr in seiner Opposition gegen den Vietnamkrieg. In der Wahrnehmung des FBI konnte diese natürlich nur eine Ursache haben: King sei, notierte man in Washington, offenkundig „von seinen kommunistischen Beratern beeinflusst worden". Der „Beleg": Auch die KPUSA hätte sich ja gegen diesen Krieg ausgesprochen.

Kapitel 13
Der Anruf

Nachdem Clarence Jones seinen Besuch im Stadtgefängnis von Birmingham beendet hat, händigt ein Gefängniswärter Martin Luther King einen Brief seiner Frau aus. Kurze Zeit später führen Wärter ihn zum Münztelefon und erklären, es sei Zeit, seine Frau anzurufen.

Coretta hatte wohl den größten Anteil daran, dass King sich schließlich öffentlich gegen den Vietnamkrieg stellte. Bereits als Studentin hatte sie sich als Mitglied der *Women's International League for Peace and Freedom* beherzt für die Sache des Friedens eingesetzt. Später engagierte sie sich auch im *National Committee for a Sane Nuclear Policy* gegen die atomare Aufrüstung. Schon bevor King seine Gegnerschaft zum Vietnamkrieg öffentlich machte, hatte Coretta Scott vor dem Weißen Haus gegen den Krieg protestiert. Auf mehreren Großveranstaltungen gegen den Krieg war sie bereits als Rednerin aufgetreten. Immer wieder hatte sie ihn gedrängt, Stellung zu beziehen. Zur Zeit seiner Inhaftierung in Birmingham ist sie allerdings in dieser Hinsicht noch nicht an ihrem Ziel.

King hat bereits hinreichend Erfahrung als Häftling, um zu wissen, dass die Gefängnisleitung sich nicht um die familiäre Kommunikation der Insassen sorgt. Was also auch immer der Grund dafür ist, die Tatsache, dass seine Frau zwei Wochen zuvor ihr viertes Kind geboren hat, kann es nicht gewesen sein. Eines aber steht fest: Wenn man ihm nun plötzlich ein Telefonat gestattet, wird dieses Gespräch auf jeden Fall abgehört werden.

Als er die Nummer gewählt hat, ist seine Frau sofort am Apparat. Offensichtlich hat sie seinen Anruf bereits erwartet. Nach einer kurzen Begrüßung überbringt ihm „Corrie" sogleich eine gute Nachricht: „Der Präsident hat mich gerade angerufen und gesagt, du würdest mich in ein paar Minuten anrufen."

Offensichtlich sind die Interventionen von Walker und Belafonte beim Justizminister, auf die Robert Kennedy zunächst sarkastisch reagierte, doch nicht ohne Wirkung geblieben.

„Mike" horcht auf, geht hierauf jedoch zunächst nicht ein. Er brennt zwar darauf zu wissen, was Kennedy gesagt hat, will aber andererseits Bull Connor nicht wissen lassen, was der Präsident vorhat. Um Zeit zum Nachdenken zu gewinnen, unterhält er sich daher zunächst mit seinen beiden ältesten Kindern, Yolanda und Martin.

Inzwischen hat auch Coretta erkannt, dass die Leitung offensichtlich abgehört wird. „Wirst du überwacht?", fragt sie.

„Ja."

„Haben sie dir ein Zeitlimit gegeben?"

„Nicht wirklich, aber sie hören alles. Wer, sagtest du, hat dich angerufen?"

„Kennedy. Der Präsident."

„Hat er dich direkt angerufen?"

„Ja. Und er hat mir gesagt, du würdest mich in ein paar Minuten anrufen. Das war ungefähr vor dreißig Minuten. Er rief aus Palm Beach an. Ich habe gestern versucht, ihn anzurufen."

„Sag Wyatt [Walker] Bescheid. […] Mach das sofort."

Danach weicht Martin einer weiteren Diskussion zunächst aus, bis Coretta auf das Telefonat mit Kennedy zurückkommt, das ihr offenbar viel Mut gemacht hat. Sie fügt Details hinzu und berichtet über zwei frühere Anrufe seines Bruders „Bobby". „Ich hab letzte Nacht mit Bobby [Kennedy] gesprochen. Er hat zweimal angerufen und mir gesagt, er würde mich heute anrufen, und es war der Präsident höchstpersönlich, und er versicherte mir seine Besorgnis. Er fragte, ob wir irgendwelche Beschwerden hätten, und sagte, falls ja, sollten wir es sie auf jeden Fall wissen lassen."

„Lass das auf jeden Fall den Pfarrer [Walker] wissen. Ich denke, das wird ein gutes Statement abgeben."

Kennedy habe, fährt Coretta fort, den rechtlichen Schwebezustand in Birmingham mit Blick auf die Bürgermeisterwahl für Kings Lage verantwortlich gemacht und seiner Hoffnung Ausdruck verliehen, „dass die Dinge mit der neuen Verwaltung besser werden".

Das allerdings bezweifelt King. Denn bislang macht die Vereidigung des neuen Bürgermeisters Boutwell mit Blick auf die Rassentrennung und den Polizeieinsatz gegen die Bürger-

Martin Luther King und seine Frau Coretta Scott, 1964

rechtler keinen Unterschied, und es scheint ausgesprochen fraglich, ob Boutwell von sich aus bereit sein wird, die von der Masse der Weißen – und damit auch seiner Wählerinnen und Wähler – unterstützte Rassentrennung aufzuheben. Ohne weiteren Druck der Straße, denkt King, wird das kaum der Fall sein. Weil das Gespräch abgehört wird, behält er derartige Überlegungen jedoch für sich.

Der weitgehend von Informationen abgeschnittene King fragt seine Frau stattdessen nach der Presseberichterstattung über die Birmingham-Kampagne. Zu ihrem Bedauern muss Coretta ihm berichten, dass diese nach wie vor nicht positiv und auch nicht immer akkurat ist.

Dieses Muster der Berichterstattung, das King während der jungen Kampagne wiederholt begegnet, wird sich mit Blick auf den Anruf des Präsidenten bei Frau King wiederholen. Wyatt Walkers Anstrengungen, die Aufmerksamkeit der Presse auf das Telefonat zu lenken, sind nicht sonderlich erfolgreich. Die Medien spielen die Angelegenheit vielmehr herunter. Mehrere Meldungen betonen, Kennedy habe dieses Mal, anders als während des Wahlkampfs 1960, lediglich Coretta Scotts alarmistische Anrufe erwidert. In der Presse erscheint Kennedys Rückruf lediglich als Akt der Höflichkeit. Mehr noch: In den Zeitungsberichten steht nicht Kennedy, sondern Frau King im Mittelpunkt. Dass sie überhaupt bei Kennedy vorstellig geworden ist, wird ihrem postnatalen Zustand zugeschrieben. Die vierfache Mutter habe ihre Fantasien offenbar mit der Realität verwechselt, so der sexistische Tenor.

Dennoch ist es, auch wenn die Polizei Birminghams diesen Zusammenhang strikt leugnet, vermutlich der Intervention des Justizministeriums geschuldet, dass King überhaupt mit seiner Frau telefonieren darf. Denn im Anschluss an das Telefonat verbessert sich auch seine Situation in der Gefängniszelle: King erhält endlich Matratze und Bettdecke.

Im letzten Teil des Telefongesprächs tauschen sich die Eheleute dann über Dinge des Alltags und die Familie aus. King erkundigt sich nach seinen Eltern und plaudert gegen Ende des Telefonats noch kurz mit seiner Schwägerin Edith Scott Bagley. Sie sprechen auch über den für Donnerstag geplanten Besuch von Coretta Scott und Juanita Jones Abernathy im Stadtgefängnis.

Kapitel 14
Vietnam

Anderthalb Jahre später rief Coretta Scott ihrerseits ihren Mann an, der zu dieser Zeit im Krankenhaus lag. Kings angegriffene Gesundheit war nicht zuletzt das Ergebnis der Strapazen, die von den andauernden Todesdrohungen und von internen Streitigkeiten der Bürgerrechtsbewegung, insbesondere dem erst kurz zuvor ausgetragenen, heftigen Konflikt über die „Freiheitsdemokraten" der MFDP, herrührten. Coretta überbrachte ihm eine sensationelle Nachricht: „Martin", sagte sie, „dir ist der Friedensnobelpreis verliehen worden."

Noch am Krankenhausbett betete King mit seinen engsten Mitstreitern, dass die SCLC sich dieser Ehrung als würdig erweisen möge.

Anfang Dezember flog King nach Oslo, um den Preis entgegenzunehmen. In seiner Dankesrede am 10. Dezember 1964 erklärte er, „diese Auszeichnung im Namen einer Bürgerrechtsbewegung" anzunehmen, die dafür kämpfe, „ein Reich der Freiheit und die Herrschaft der Gerechtigkeit zu errichten". Der Preis sei „eine große Anerkennung" der Tatsache, „dass Gewaltlosigkeit die Antwort auf die zentralen politischen und moralischen Fragen unserer Zeit darstellt: die Notwendigkeit für die Menschheit, Unterdrückung und Gewalt zu überwinden, ohne auf Gewalt und Unterdrückung zurückzugreifen". King gibt auch einen Einblick in seine grundlegenden Überzeugungen: „Ich weigere mich anzuerkennen, dass Verzweiflung die letzte Antwort auf die Zweideutigkeiten der Geschichte ist. Ich weigere mich, die Vorstellung anzuerkennen, dass das ‚Sein' der gegenwärtigen menschlichen Natur den Menschen in moralischer Hinsicht unfähig macht, nach dem ewigen ‚Sollen' zu streben, das ihm für immer gegenübersteht. Ich weigere mich, die Vorstellung anzuerkennen, dass der Mensch bloßes Treibgut im Fluss des Lebens ist, unfähig, die sich entfaltenden Ereignisse zu beeinflussen, die ihn umgeben. Ich weigere mich, die Ansicht anzuerkennen, dass die Menschheit derart auf tragische Weise mit der sternlosen Mitternacht des Rassismus und des Krieges verstrickt ist, dass der helle Tagesanbruch des Friedens und der Brüderlichkeit niemals Wirklichkeit werden kann. Ich weigere mich, die zynische Bemerkung anzuerkennen, dass Nation für Nation eine militaristische Treppe hinabsteigen muss in die Hölle der thermonuklearen Auslöschung."

King geißelte in Oslo den Krieg im Allgemeinen; den konkreten Krieg der Vereinigten Staaten in Vietnam erwähnte er nicht. Mit gutem Grund: Denn um die Aufhebung der Rassentrennung politisch durchzusetzen, musste sich die Bürgerrechtsbewegung und musste sich auch Dr. King taktisch auf diese Frage konzentrieren. Öffentliche Opposition gegen den Krieg, das wusste er, würde angesichts dessen großer Unterstützung im Volk und in der Regierung das ganze Vorhaben der Emanzipation der Schwarzen gefährden.

Die Auszeichnung mit dem Friedensnobelpreis verstand King aber zugleich als Verpflichtung, für den Frieden einzutreten. Nur wenige Monate später, während der Kampagne in Selma, gab er deshalb seine taktische Zurückhaltung auf und sprach sich öffentlich für die Aufnahme von Friedensverhandlungen mit dem Vietkong aus.

Die Kollegen in der SCLC waren davon allerdings wenig begeistert und nicht bereit, in der Kriegsfrage in Aktion zu treten. Man anerkannte Kings Berechtigung, sich als Person in dieser Sache zu äußern, sah die Aufgabe der eigenen Organisation aber in der innenpolitischen Durchsetzung der Bürgerrechte und nicht in der Außenpolitik.

Martin Luther King ließ sich jedoch nicht von seinem Vorhaben abbringen. Ganz allein auf sich gestellt, forderte er Präsident Johnson auf, „einen Stopp der Bombardements ernsthaft in Erwägung zu ziehen" und sich „eindeutig" für Verhandlungen auszusprechen.

Johnson, der den von Kennedy „geerbten" Vietnamkrieg zu dieser Zeit weiter verschärfte, reagierte mit harscher Zurückweisung. Bei der Unterzeichnung des Wahlrechtsgesetzes zeigte er King die kalte Schulter und schickte anschließend Senator Thomas Dodd vor, um ihn öffentlich zurechtzuweisen. King besitze in außenpolitischen Fragen „überhaupt keine Kompetenz" und leiste „den Kräften des *Appeasement*" Vorschub, erklärte Dodd. Die harschen Pressereaktionen bliesen ins selbe Horn. King solle sich, so der durchgehende Tenor, weiterer Aussagen zur Außenpolitik enthalten.

Die öffentlichen Reaktionen waren derart vernichtend, dass der Friedensnobelpreisträger sich gezwungen sah, fürs Erste zurückzustecken. Er sah sich außerstande, den Anfeindungen alleine zu begegnen, und wollte sich einstweilen, wie es auch seine Organisation wünschte, wieder auf die Bürgerrechtsfrage konzentrieren. Die meisten SCLC-Mitarbeiter waren erleichtert, teilten sie doch Andrew Youngs Auffassung, dass es sich bei den Kriegsgegnern – linken Studenten, Pazifisten, Hippies – um „einen Haufen Verrückter" handele.

Kings taktischer Rückzug bedeutete jedoch nicht, dass er sich jedweder Äußerungen zum Vietnamkrieg enthalten hätte. Er fokussierte seine Kritik in den folgenden zwei Jahren aber im Wesentlichen auf die Auswirkungen, die der Krieg auf das Engagement der Bürgerrechtsbewegung hatte: „Die Bomben in Vietnam detonieren zu Hause; sie zerstören die Hoffnungen und Möglichkeiten für ein anständiges Amerika", sagte er 1966 vor einem Unterausschuss des Senates. Damit antizipierte er zugleich das Scheitern des Great-Society-Programms am Vietnamkrieg – der eskalierende Krieg würde jedes Jahr mehr Gelder beanspruchen, die dann für den Ausbau des Sozialstaates fehlten.

King arbeitete auch weiter daran, die SCLC von seiner Antikriegsposition zu überzeugen. Nicht ohne Erfolg: Im selben Jahr verabschiedete die Organisation zwei Resolutionen, in denen der Krieg als „unmoralisch" bezeichnet und die „unerbittliche Eskalation" des militärischen Engagements durch Präsident Johnson verurteilt wurde.

Anfang 1967 fiel King dann die Januarausgabe der Zeitschrift *Ramparts* in die Hand. In dem Artikel über „Die Kinder Vietnams" sah er Fotos, die die hässliche Wirklichkeit des Krieges dokumentierten, wie jenes, in dem eine Mutter ihr vom US-Militär getötetes Baby im Arm hält. King stand unter Schock und beschloss, von nun an mit aller Kraft gegen den Krieg einzutreten. Bereits im Februar kritisierte er den „paranoiden Antikommunismus", der dem amerikanischen Auslandseinsatz ideologisch zugrunde lag, und geißelte den Krieg als eine Form von „weißem Kolonialismus".

Dass diese mutige Stellungnahme nicht ohne Folgen bleiben würde, bekam King rasch zu spüren. Bereits wenige Tage später sprach ihn Whitney Young, der Vorsitzende der *National Urban League*, mit dem er in den vergangenen Jahren kooperiert hatte, auf seine Äußerungen an. Die Afroamerikaner seien mehr besorgt über Wohnungs- und Arbeitsprobleme als über den Krieg, meinte Young. Und wenn man sich mit Blick auf Vietnam gegen Johnson stelle, würde die Bewegung einen zentralen Bündnispartner in Bürgerrechtsangelegenheiten verlieren. „Whitney, was du sagst, mag dir Stiftungszuwendungen einbringen, aber es wird dich nicht ins Reich der Wahrheit führen", antwortete King. Der Streit eskalierte so weit, dass die beiden schließlich gar physisch getrennt werden mussten.

Auch in der SCLC traf King auf Widerstand. Selbst seine engsten Partner, vorneweg Levison und Rustin, warnten vor einem verstärkten Antikriegsengagement. Denn es hätte, so ihr Argument, unweigerlich zur Folge, dass die Spendeneinnahmen einbrechen und Bündnispartner entfremdet würden.

Martin Luther King aber ließ sich nicht beirren. Selbst die Gefahr eines Einbruchs bei den Spendeneinnahmen konnte den Friedensnobelpreisträger nun nicht mehr davon abbringen, seine Stimme gegen den Krieg zu erheben. Unterstützt wurde er in der SCLC von James Bevel, der das moralische Verbrechen des Krieges regelmäßig anprangerte, indem er predigte: „Gott kann unsere Gebete hier in Amerika nicht hören wegen all der Schreie und Wehklagen Seiner Kinder im Mekong-Delta!"

Schon im März nahm King erstmalig an einer Antikriegsdemonstration teil. Auf einer Versammlung der *Clergy and Laymen Concerned about Vietnam*, deren Ko-Vorsitzender er wenig später werden sollte, artikulierte er am 4. April 1967 in New Yorks Riverside Church seine Opposition zum Krieg dann in aller Deutlichkeit. In seiner Rede wandte sich King direkt gegen den amerikanischen Kriegseinsatz und den Oberbefehlshaber, Präsident Johnson. Er verstand sein Engagement dabei als eine moralische Verpflichtung, die sich aus seinem Beruf als Pfarrer und seiner Position als Träger des

Friedennobelpreises zwingend ergebe. Sein Gewissen lasse ihm keine andere Wahl, als „den Verrat meines eigenen Schweigens zu durchbrechen". Denn da der Einsatz des Militärs enorme Summen verschlinge, sei „der Krieg ein Feind der Armen", betonte King. Dies gelte auch deshalb, weil die Armen weit überproportional auf dem Schlachtfeld ihr Leben lassen müssten. Die Verwüstung Vietnams durch seine eigene Regierung stünde in einer unsäglichen Tradition „tödlicher westlicher Arroganz" und amerikanischer Außenpolitik in Lateinamerika, Afrika und Asien. Die Kriegführung, die sich um zivile Opfer nicht schere, belege, „dass wir in Vietnam keinerlei ehrliche Absichten verfolgen". Wenn dem Vietnamkrieg, der Ermordung von bereits einer Million Männer, Frauen und Kinder, nicht durch „eine radikale Revolution der Werte" Einhalt geboten würde, drohte seinem Land der „spirituelle Tod". Um diesem vorzubeugen, müsse endlich der Gerechtigkeit zum Durchbruch verholfen werden, und zwar sowohl hinsichtlich der wirtschaftlichen Ausbeutung der Entwicklungsländer als auch mit Blick auf die Verteilung des gesellschaftlichen Reichtums in den Vereinigten Staaten selbst. Nicht durch Krieg, sondern nur durch unverzügliche Einstellung von Kampfhandlungen und Aufnahme von Friedensverhandlungen mit dem Vietkong ließe sich „Amerikas Seele retten". King, der Apostel der Gewaltfreiheit, ließ keinen Zweifel an seiner moralischen Verpflichtung aufkommen: „Ich könnte niemals wieder meine Stimme erheben gegen die Gewalt der Unterdrückten in den Ghettos, wenn ich nicht zuerst und eindeutig zum größten Gewalttäter in der heutigen Welt gesprochen hätte – meine eigene Regierung."

Im Anschluss an diese Rede brach ein Orkan der Entrüstung über den Friedensnobelpreisträger herein. Sämtliche

Medien denunzierten seine Äußerungen aufs Schärfste. Weil immer noch die Mehrheit der Amerikaner hinter dem Kriegseinsatz stand, fiel seine Popularität ins Bodenlose; zum ersten Mal seit seinem Aufstieg zu nationaler Prominenz würde er bei der jährlichen Gallup-Umfrage nicht mehr in die Liste der zehn beliebtesten Amerikaner gewählt werden.

Präsident Johnson war außer sich und raste über den, so wörtlich, „gottverdammten Nigger-Pfarrer". Von jetzt an würde King nicht mehr ins Weiße Haus eingeladen werden. Das gesamte Establishment ächtete ihn.

King jedoch hatte es sich im Vorfeld alles andere als leicht gemacht. Er wusste um die Brisanz seiner öffentlichen Kritik und hatte mit einer scharfen Reaktion gerechnet, aber sein Gewissen ließ ihm keine andere Wahl: „Die Feigheit fragt: ‚Ist es sicher?' Die Zweckmäßigkeit fragt: ‚Ist es diplomatisch?' Und dann kommt die Eitelkeit und fragt: ‚Ist es populär?' Aber das Gewissen fragt: ‚Ist es recht?' Und es kommt eine Zeit, in der man eine Position beziehen muss, die weder sicher noch diplomatisch noch populär ist, und man es dennoch tun muss, weil das Gewissen einem sagt, dass es das Rechte ist."

Und in der Tat: Martin Luther King würde nun nicht mehr locker lassen. In der Riverside Church forderte er die amerikanische Jugend dazu auf, den Kriegsdienst zu verweigern. Wenig später lobte er Muhammad Ali, der als (noch von Malcolm X rekrutiertes) Mitglied der *Nation of Islam* mit den legendären Worten „Ich habe keinen Streit mit dem Vietkong" den Kriegsdienst verweigerte – wofür er einen hohen Preis würde zahlen müssen.

Die Kriegsgegnerschaft führte den sich radikalisierenden King zugleich wieder näher an den „Black-Power"-Flügel der Bürgerrechtsbewegung heran. Bereits am 15. April führte

King eine Großdemonstration mit über 100 000 Teilnehmern in New York an und skandierte: „Stoppt die Bombardierung, stoppt die Bombardierung, stoppt die Bombardierung." Der SCLC-Vorsitzende Stokely Carmichael, der im Jahr zuvor den Begriff „Black Power" geprägt hatte, verurteilte auf dieser Demonstration den Vietnamkrieg und die Wehrpflicht scharf. Hier schickten „weiße Menschen schwarze Menschen in den Krieg gegen gelbe Menschen, um das Land zu verteidigen, das sie den roten Menschen gestohlen haben". King, der die Spaltung der Bewegung nie akzeptiert hatte, lud Carmichael wenig später persönlich zu seiner Antikriegspredigt in der Ebenezer Church ein. Dort erklärte er am 30. April erneut seine tiefe Entschlossenheit, „das Evangelium ernst zu nehmen" und gegen den „ungerechten, bösen und nutzlosen Krieg" vorzugehen. Carmichael war begeistert und applaudierte dem Friedensnobelpreisträger stehend.

King schloss seine Predigt in Atlanta, indem er an die Vision des Propheten Micha erinnerte, der eine Zukunft gesehen hatte, in der „Schwerter zu Pflugscharen" und „Spieße zu Sicheln" würden und niemand mehr lerne, Krieg zu führen (Micha 4,1–4). Schon in der Riverside Church hatte er an die Kirchen appelliert, sich dem Krieg zu widersetzen. Aber die christlichen Kirchen sollten sich in dieser Hinsicht als große Enttäuschung erweisen. Denn anstatt auf ihr moralisches Fundament zu vertrauen, wie es in Michas Vision bildlich wird, verteidigten sie den amerikanischen Krieg und Massenmord.

Dieses Verhalten der Kirche war für den Anführer der „Christlichen Führungskonferenz des Südens" jedoch keine neuartige Erfahrung. Im Gegenteil: Gleichgültigkeit gegenüber den sozialen Kämpfen für die Rechte der Afroamerikaner, ja sogar die Verteidigung der Rassenordnung hatte nur allzu oft Besitz ergriffen von den Gotteshäusern. Und nichts schmerzt den Pastor mehr, als dass in den Vereinigten Staaten ausgerechnet „11 Uhr sonntagvormittags die am stärksten nach Rassen getrennte Stunde" der Woche ist.

Bereits in seinem „Brief aus dem Gefängnis" geißelt King das christliche Mitläufertum und die Komplizenschaft mit der herrschenden Rassentrennung: „Die Kirche unserer Zeit ist oft nur eine schwache, wirkungslose und unsicher klingende Stimme. Nur zu oft ist sie der stützende Pfeiler des Status quo. Weit davon entfernt, durch die Gegenwart der Kirche gestört zu sein, fühlen sich die Machthaber in den meisten unserer Städte noch bestärkt durch ihre schweigende und oft sogar laut ausgesprochene Sanktionierung der bestehenden Zustände. [...] Ich begegne täglich jungen Menschen, deren Enttäuschung über die Kirche sich zu ausgesprochenem Ekel gesteigert hat. Vielleicht bin ich wieder zu optimistisch gewesen. Ist die organisierte Religion zu unlösbar an den Status quo gebunden, um unsere Nation und die Welt retten zu können? Vielleicht muss ich mein Vertrauen der unsichtbaren Kirche zuwenden, der Kirche innerhalb der Kirche, als der wahren Ecclesia und Hoffnung der Welt. Aber wieder bin ich Gott dankbar, dass sich einige edle Menschen aus den Reihen der organisierten Religion von der lähmenden Kette des Mitläufertums losgerissen und sich uns als aktive Partner im Kampf für die Freiheit angeschlossen haben. [...] Sie haben einen Tunnel der Hoffnung durch den dunklen Berg der Enttäuschung gegraben."

An einem solchen „Tunnel der Hoffnung" durch den kirchlichen „Berg der Enttäuschung" arbeitete Martin Luther King. Aber auch der Friedensnobelpreisträger konnte den Krieg nicht aufhalten. Das Gemetzel sollte nach seinem Tod noch sieben Jahre lang weitergehen. Und die amerikanische Öffentlichkeit würde erst nach der endgültigen militärischen Niederlage der US-Streitkräfte – und äußerst widerstrebend – erkennen, dass der Friedensnobelpreisträger Recht behalten hatte.

Kings Opposition gegen den Vietnamkrieg war bei den meisten seiner Landsleute zu seinen Lebzeiten unpopulär. Das galt allerdings nicht für die Bewohner der schwarzen Ghettos in den Großstädten des Nordens. Dort, bei den armen Schwarzen, sollte King zu seiner eigenen Überraschung viel Zuspruch für seine Kriegsgegnerschaft erfahren. Denn die Desillusionierten schenkten den Verlautbarungen der Herrschenden ohnehin wenig Vertrauen.

Kapitel 15
Chicago

Wie gering in den innerstädtischen Ghettos des Nordens und Westens das Vertrauen in die staatlichen Autoritäten war, zeigte sich schlagartig im August 1965, als in Watts, dem schwarzen Ghetto von Los Angeles, ein *riot* ausbrach. Der spontane Aufstand entzündete sich an einem der allgegenwärtigen Konflikte zwischen weißen Polizisten und schwarzen Stadtteilbewohnern. Die aufgestaute Frustration der Ghettobewohner entlud sich anschließend in wütender Zerstörung. Der Polizeichef von Los Angeles heizte die Auseinandersetzungen zusätzlich an, indem er die Aufständischen vor laufender Kamera als „Affen im Zoo" bezeichnete. Als die Nationalgarde die Situation nach sechs Tagen schließlich wieder unter Kontrolle hatte, waren in Watts ganze Straßenzüge verwüstet, 34 Menschen getötet, über tausend verletzt und fast viertausend verhaftet worden.

Martin Luther King war von dieser massiven Konfrontation geradezu niedergeschmettert. Umgehend flog er zusammen mit Bayard Rustin nach Los Angeles und verurteilte noch am Flughafen gegenüber Reportern die Gewalt. Sie sei generell die falsche Antwort auf soziale Konflikte, wiederholte er sein Credo, und zwar unabhängig davon, ob sie von Weißen in Alabama oder von Schwarzen in Kalifornien ausgeübt werde. Zugleich hob King jedoch die sozialen Ursachen des Aufruhrs hervor: „Die ökonomische Verelendung, die rassische Isolation, die unzulängliche Unterbringung und die allgemeine Verzweiflung, die in den Ghettos des Nordens und

Westens grassiert, sind die Saat, die zu tragischen Gewaltausbrüchen führt."

Bei seinem Aufenthalt in Watts entdeckte King in den nächsten Tagen, wie tief die Frustration der armen Schwarzen über ihre anhaltende Ausgrenzung und geraubten Lebensperspektiven war. Verbal entlud sich der aufgestaute Ärger auch gegen den Führer der Bürgerrechtsbewegung; immer wieder musste er sich abfällige Kommentare gefallen lassen. Inmitten der zerstörten Häuser hörte er auch, wie ein Jugendlicher sagte: „Wir haben gewonnen!" Der verblüffte King fragte ihn: „Wie kannst du sagen, dass ihr gewonnen habt, wenn 34 Neger tot sind, eure Gemeinde zerstört ist und die Weißen den Aufruhr als Vorwand nutzen, nichts zu tun?" Der junge Mann antwortete: „Wir haben gewonnen, weil wir die ganze Welt gezwungen haben, uns zu beachten."

In der Folgezeit widmete King sich verstärkt der verzweifelten Lage in den Ghettos. Dabei erkannte er rasch, dass die Afroamerikaner in Watts nicht am Fortschritt der vergangenen Jahre teilgehabt hatten. Überhaupt seien die bislang erzielten Fortschritte der Bewegung, so King, vorwiegend der schwarzen Mittelschicht zugutegekommen, während sich die Lage der Armen kaum geändert habe. Gegenüber Rustin sagte er: „Weißt du, Bayard, ich habe dafür gearbeitet, dass diese Leute das Recht erhalten, Hamburger zu essen, und jetzt muss ich etwas dafür tun [...], ihnen zu helfen, das Geld zu bekommen, um sie zu kaufen."

King sah den wichtigsten Grund für die Frustration und aufgestaute Wut also in der sozio-ökonomischen Lage der Ghettobewohner. Reportern erklärte er, es habe sich bei dem Aufstand um „eine Klassenrevolte der Unterprivilegierten gegen die Privilegierten" gehandelt. Der Friedensnobelpreisträger wurde noch deutlicher: „Eine bloße Verurteilung von Gewalt bleibt hohl, wenn man nicht zugleich die tagtägliche Gewalt versteht, die unsere Gesellschaft vielen ihrer Mitglieder zufügt. Die Gewalt der Armut und der Erniedrigung tut genauso weh wie die Gewalt des Knüppels."

Nur wenige Tage nach dem Aufstand von Watts kam es auch in Chicago zu einem Riot. Die Unruhen nahmen zwar nicht das Ausmaß von Watts an, führten aber drastisch vor Augen, dass es sich keineswegs um ein lokales Problem handelte.

Da die SCLC und King bereits zuvor von Aktivisten aus Chicago gebeten worden waren, den dortigen Kampf der Bürgerrechtsbewegung zu unterstützen, sprach sich King nunmehr auf einer eilig einberufenen Versammlung der SCLC-Führung dafür aus, in die *Windy City* am Michigansee zu gehen und dort eine Kampagne für Integration und gegen ökonomische Ausgrenzung zu führen. Dieser Fokus erschien ihm aus zwei Gründen sinnvoll: Erstens hatte Präsident Johnson nur wenige Tage vor den Watts-Unruhen das Wahlrechtsgesetz unterzeichnet; damit waren die Rassengesetze im Wesentlichen besiegt. Zweitens hatten die Ghetto-Unruhen gezeigt, dass die Diskriminierung der Afroamerikaner damit keinesfalls verschwunden war. Im Gegenteil: Die informelle, ganz ohne Gesetze auskommende Ausgrenzung – in den Stadtteilen, in den Schulen, auf dem Arbeitsmarkt – bestand ungebrochen fort. Um die Gleichberechtigung der Schwarzen in der amerikanischen Gesellschaft zu verwirklichen, musste diese Form der Ausgrenzung aber ebenfalls überwunden werden.

Kings Vorschlag, nach Chicago zu gehen, wo mehr Schwarze lebten als im heftig umkämpften Bundesstaat Mississippi, war in der SCLC allerdings durchaus umstritten. Denn im Vergleich mit den offen rassistischen Gesetzen des Südens war der informellen Rassentrennung des Nordens politisch wesentlich schwerer beizukommen. Die Kritiker befürchteten zudem, dass es keine leichte Aufgabe sein würde, für diese Art Kampf Spenden zu sammeln – gerade während der vorausgegangenen Kampagne in Selma waren es schließlich weiße Liberale aus Städten wie Chicago gewesen, die die Konfliktstrategie der SCLC finanziert hatten.

Und in der Tat markierte die Kampagne in Chicago einen Bruch in den Aktivitäten der SCLC. In ihrem Gefolge sollte sich auch Kings politische Philosophie weiter radikalisieren.

Vor allem aber war der Mittlere Westen ein völlig anderes Terrain als der alteingesessene, ländlich geprägte Süden. Zum Bundesstaat wurde Illinois erst 1818, und die Existenz einer nennenswerten schwarzen Minderheit datierte in Chicago auf den Ersten Weltkrieg. Damals, als der zuvor unerschöpfliche Zustrom von Einwanderern aus Europa plötzlich abriss, hatten die Großunternehmen sich darauf besonnen, dass es in den Vereinigten Staaten ein viel zu wenig genutztes Arbeitskräftereservoir gab: die schwarzen Farmpächter und Landarbeiter im Süden. Diese wurden jetzt massiv angeworben, und Hunderttausende kamen in die noch jungen Industriemetropolen des Nordostens und Mittleren Westens.

Vielen Afroamerikanern erschien ihre Migration dabei geradezu wie der Aufbruch ins „Gelobte Land". Denn Städte wie Chicago boten all das, was ihnen im Süden verwehrt blieb: Löhne, die sich in Dollar statt in Cent rechneten, Freiheit von den Rassengesetzen, ja sogar das Wahlrecht.

Die Neuankömmlinge mussten jedoch alsbald feststellen, dass Chicago nicht ihr Jerusalem war. Nach dem Krieg kam es

1919 gar zu einem gewalttätigen Aufruhr gegen die Schwarzen mit Dutzenden Toten, der die Stadtpolitik auf Jahrzehnte hinaus prägen sollte. Von nun an reagierten Stadtverwaltung und Immobilienmakler auf die anhaltende Nordmigration mit einer zielgerichteten Politik der Rassentrennung. Mittels informeller Absprachen, statuarischer Regeln und „Sitten" wurden die Lebenswelten der Weißen und Schwarzen strikt voneinander abgeschottet. Auch auf dem Arbeitsmarkt blieben die Schwarzen auf untergeordnete Berufe festgelegt. Die informelle Rassentrennung war also keine freiwillige soziale Ordnung, sondern eine räumliche Befestigung der sozialen Hierarchie zwischen Weißen und Schwarzen. Das schwarze Ghetto war dabei, wie es eine von Präsident Johnson eingesetzte Bundeskommission später formulierte, ein Produkt der Weißen: „Weiße Institutionen haben es geschaffen, weiße Institutionen erhalten es aufrecht, und die weiße Gesellschaft billigt es."

Ab 1950 galt Chicago als die am stärksten segregierte Großstadt des ganzen Landes – ein Status, den einige Jahre später selbst die *U.S. Commission on Civil Rights* offiziell bestätigte.

Die strikte Rassentrennung war dabei das Produkt des Zusammenwirkens eines „Rassismus von unten" mit der offiziellen Stadtpolitik. Ähnlich wie „Bombingham" hatte nämlich auch Chicago nach dem Zweiten Weltkrieg eine Serie von Bombenanschlägen erlebt, die sich gegen den Zuzug von Schwarzen in weiße Stadtteile richteten (aber jenseits der Stadtgrenzen kaum Aufmerksamkeit erregten). Selbst auf das Haus des berühmten Chemikers Dr. Percy Julian, „Chicagoer des Jahres" 1950, wurden ein Brand- und ein Bombenanschlag verübt.

„Von oben" sorgten der Stadtrat und die städtische Wohnungsverwaltung dafür, dass die Rassentrennung aufrechterhalten wurde. Man unternahm alles, was möglich war, um die Schwarzen aus den weißen Stadtteilen herauszuhalten. Selbst Eisenbahnlinien und Autobahnen wurden so gebaut, dass sie die weißen und schwarzen Stadtteile voneinander trennten. Kurz: Die institutionalisierte Politik erwies sich als „Bollwerk der Rassentrennung".

An der Spitze der Herrschaftspyramide stand der seit 1955 amtierende Bürgermeister, Richard J. Daley. Jeder, der in Chicago etwas werden wollte, musste sich mit dem mächtigen „Boss" arrangieren, der persönlich über die Vergabe städtischer Aufträge und die Besetzung Zehntausender städtischer Jobs entschied. So groß war Daleys Machtfülle, dass man auf jeder Stadtratssitzung damit rechnen konnte, dass einer der Stadträte aufstehen und rufen würde: „Gott segne unseren Bürgermeister, den großartigsten Bürgermeister der Welt!"

Dabei regierten Daley und die Demokratische Partei Chicago faktisch ohne Opposition. Die Einparteienherrschaft war das Ergebnis einer – wie es in der amerikanischen politischen Folklore heißt – „politischen Maschine", die unaufhörlich Zustimmung zu Politik und Personal der herrschenden Wachstumskoalition produzierte. Auf diese Weise errang man nicht nur die Unterstützung der Gewerkschaften, sondern verpflichtete unter der Regie des *Irish American* Daley auch die politischen Repräsentanten der verschiedenen ethnischen Gruppen zur Loyalität.

Auch die Afroamerikaner waren in dieses System der Herrschaftssicherung eingebunden. Sie wurden allerdings auf einen subalternen Status innerhalb der Parteiorganisation festgelegt. Zwar war in Chicago bereits 1928 mit Oscar DePriest der erste schwarze Kongressabgeordnete seit Jahrzehnten, seit der dem Bürgerkrieg folgenden Ära der Rekonstruktion, gewählt worden, und es gab Mitte der 1960er Jahre immerhin sechs schwarze Stadträte. Letztere wurden aber nicht zufällig „die schweigenden Sechs" genannt. Denn auch sie hingen unmittelbar von Daleys Wohlwollen ab und verhielten sich entsprechend. In diesem Sinne wirkte die „Maschine" durchaus wie „eine Kolonialmacht, die eine Dritte-Welt-Nation besetzt hält".

Die Macht der Stadtregierung war also enorm. Allerdings gab es auch eine starke schwarze Oppositionsbewegung „von unten": Beginnend mit der Stadtteilorganisation *The Woodlawn Organization*, die 1961 mit Unterstützung des stadtbekannten Organisators Saul Alinsky ins Leben gerufen wurde, bildeten sich zahlreiche Basisorganisationen in den schwarzen Vierteln, die sich 1962 im *Coordinating Council of Community Organizations* (CCCO) zusammenschlossen. Dieser „Koordinierungsrat" kämpfte vor allem gegen die Rassentrennung in den städtischen Schulen, die noch stärker ausgeprägt war als selbst in den Wohngebieten. Als ihr Sprecher Albert („Al") Raby die SCLC und King um Unterstützung des Kampfes ersuchte, hatte der CCCO mit großem Erfolg bereits drei stadtweite Schulstreiks organisiert, um gegen die anhaltende Diskriminierung durch Schulinspektor Benjamin Willis zu protestieren. Dennoch war Willis im Amt und damit das herrschende Diktum einer vermeintlich „unpolitischen" Schulpolitik bestehen geblieben. Dabei besuchten zu dieser Zeit annähernd neunzig Prozent der schwarzen Grundschüler Schulen, in denen mindestens neunzig Prozent der Schüler schwarz und die in vielerlei Hinsicht nachweislich schlechter ausgestattet waren als die primär von Weißen frequentierten

Bildungseinrichtungen. Für Highschool-Schüler sah die Situation kaum besser aus. Auch die U.S. Commission on Civil Rights stellte deshalb fest, dass Schulinspektor Willis die Integration aktiv behindert anstatt gefördert habe. Die lokalen Bürgerrechtsaktivisten erkannten hierin eine Parallele zur rassistischen Politik des Gouverneurs von Alabama. Auf Transparenten fragten sie: „Willis–Wallace: Was ist der Unterschied?"

Als Martin Luther King im Januar 1966 dem Ruf von Al Raby folgte und sich in einer verfallenen, nach Urin stinkenden Wohnung inmitten der West Side einquartierte, stand der Koordinierungsrat der Stadtteilorganisationen allerdings bereits unter Druck. Die „schweigenden Sechs" um den Kongressabgeordneten William Dawson hatten nämlich über Verbündete dafür gesorgt, dass manche Organisationen (wie die lokale NAACP) und wichtige Führungspersönlichkeiten dem Dachverband ihre Unterstützung entzogen.

Dementsprechend „begrüßten" sie auch die Ankunft des SCLC-Vorsitzenden. In Chicago gebe es keine Rassentrennung, blaffte Dawson, und ein Stadtrat behauptete tatsächlich, King versuche, „das zu zerstören, was wir aufgebaut haben". Damit erwiesen sich die afroamerikanischen Politiker einmal mehr als Papageien Daleys. Denn der Bürgermeister hatte King gleich nach seiner Ankunft in der Stadt persönlich empfangen und im Gespräch mit dem Friedensnobelpreisträger die Existenz von Ghettos in der Stadt rundweg abgestritten. Als geschickter Politiker erklärte er allerdings zugleich, ein Programm „für die Eliminierung der Slums" zu starten. Mehr noch: Unmittelbar nach Kings Ankunft entließ er, nach Jahren der Weigerung, endlich Schulinspektor Willis.

Martin Luther King bei einem seltenen Moment der Erholung

Mit Kings Ankunft bildeten SCLC und CCCO gemeinsam die *Chicago Freedom Movement*. Die Aktivisten stürzten sich in eine „Kampagne zur Beendigung der Slums". King forderte, „die bedingungslose Kapitulation jener Kräfte herbeizuführen, die sich der Schaffung und Aufrechterhaltung der Slums verschrieben haben". Dazu sei es erforderlich, die Profitmacherei mit den Slums zu beenden; man könne das wirtschaftliche Problem der Afroamerikaner „nicht lösen, ohne Milliarden Dollar einzusetzen. Man kann nicht davon reden, mit den Slums Schluss zu machen, ohne zuerst zu sagen, dass Schluss damit sein muss, Profit mit den Slums zu machen. Man muss sich wirklich einmischen und gerät auf gefährlichen Boden, weil man sich dann mit mächtigen Leuten anlegt. Man legt sich mit Industriekapitänen an ... Dies bedeutet aber, dass wir schwieriges Terrain betreten, weil es tatsächlich bedeutet auszusprechen, dass etwas falsch läuft mit dem Kapitalismus."

Konkret versuchte die Bewegung in Chicago zunächst vor allem, eine Mietergewerkschaft als Basis des Kampfes aufzubauen. Für den März organisierte man ein großes *Chicago Freedom Festival* mit den Schauspielern Harry Belafonte und Sidney Poitier, dem Komiker Dick Gregory und der „Stimme der Bewegung", Mahalia Jackson.

Bereits in den ersten Monaten zeichneten sich jedoch erhebliche Probleme für die Kampagne ab, und zwar sowohl hinsichtlich des geschickt agierenden Bürgermeisters als auch mit Blick auf die mangelnde Unterstützung seitens der Afroamerikaner. Zunächst mussten die SCLC-Aktivisten feststellen, dass die schwarzen Kirchen, die im Süden das Rückgrat der Bewegung waren, in der Großstadt über weit weniger Anhänger und Einfluss verfügten. Überdies stellten sich einige ihrer mächtigsten Repräsentanten gegen die Bewegung. Auch nutzten die „schweigenden Sechs" ihren Einfluss, um die Anstrengungen der Bewegung systematisch zu untergraben. Die Unterstützung aus den Reihen der schwarzen Mittelschicht war auf Grund des Umstands, dass viele ihrer Angehörigen direkt oder indirekt von Daleys Gunst abhingen, ebenfalls geringer als zuvor angenommen.

Vor allem aber hatten die armen Schwarzen in den Ghettos selbst, wie King erkannte, „das stärkste Gefühl der Machtlosigkeit, dass ich jemals gesehen habe". Hosea Williams meinte, sie seien „psychologisch geschlagen. Wir sind es dagegen gewohnt, mit Menschen zu arbeiten, die frei sein wollen." Ganz anders als im Süden stieß Kings Mut machende Rhetorik hier oft auf taube Ohren. Hinzu kam das Problem der Jugendbanden: Blackstone Rangers, Vice Lords, Cobras, East Side Disciples und Roman Saints beherrschten die Straßen in den schwarzen Stadtteilen; Kings Philosophie der Gewaltfreiheit hatte es hier naturgemäß schwer.

Allerdings gab es diesbezüglich auch Hoffnungsschimmer. So gelang es King im persönlichen Gespräch, Hunderte Bandenmitglieder davon zu überzeugen, gewaltfreie Brigaden zu gründen. Auch die von Jesse Jackson geführte *Operation Breadbasket* konnte erste Erfolge verzeichnen. Ihre Boykottdrohungen und -aktionen, die die Einstellung von Afroamerikanern erzwingen sollten, führten in vielen Geschäften zum gewünschten Erfolg.

Als größtes Hindernis der Bewegung erwies sich denn auch der Bürgermeister. Daley erklärte immer wieder, dieselben Ziele zu verfolgen wie King – nur ohne Proteste und Demos. Mit dieser „Umarmungsstrategie" erschwerte er die für einen Erfolg so wichtige Zuspitzung und Konfrontation. Außerdem nutzte er Bundesmittel, die Präsident Johnson ihm aus dem „Krieg gegen die Armut" zur Verfügung stellte, für kosmetische Verbesserungen in den Ghettos, welche er dann mit großem Tamtam öffentlich zur Schau stellte. Und wenn die *Chicago Freedom Movement* in einen Stadtteil ging, um die Mieter zu organisieren, kamen am nächsten Tag sogleich Daleys Gesandte und machten dem Pfarrer ein Angebot, das dieser kaum ausschlagen konnte – wie beispielsweise einen Vertrag für eine subventionierte Kindertagesstätte. Auf diese Weise wurde der Bewegung immer wieder der Schneid buchstäblich abgekauft.

In diesem Umfeld blieb die Mieterorganisierung stecken. King entschied sich schließlich für einen Wechsel der Taktik. In dessen Zentrum stand eine Rückbesinnung auf die im Süden so erfolgreiche Strategie der Protestmärsche: Um die nötige mediale Aufmerksamkeit und produktive Spannung zu erzeugen, würde die Bewegung Demonstrationen in die weißen Stadtteile organisieren, um gegen die Rassentrennung zu protestieren.

Am 10. Juli 1966 organisierte Chicagos „Freiheitsbewegung" eine Demonstration zum Rathaus. In seiner Rede auf der Auftaktkundgebung betonte King einmal mehr den zentralen Gedanken seiner politischen Philosophie, den er bereits in seinem „Brief aus dem Gefängnis" erläutert hatte: „Die Freiheit wird niemals freiwillig vom Unterdrücker gewährt. Sie muss von den Unterdrückten gefordert werden." Er referierte die wichtigsten Forderungen der Bewegung: die Beendigung der Rassendiskriminierung durch die Makler, das Ende der diskriminierenden Kreditvergabe der Banken, die Einrichtung eines Prüfausschusses zur Polizeigewalt gegen Schwarze, eine substanzielle Verbesserung des öffentlichen Wohnungsbaus, die Desegregation der Schulen und, an die Bundesregierung gerichtet, ein garantiertes Mindesteinkommen. Zum Abschluss der Demonstration heftete King diese Forderungen an die Rathaustür – eine Reminiszenz an den Thesenanschlag seines Namensvaters Martin Luther 1517 in Wittenberg.

Daley setzte indessen seine „Umarmungsstrategie" fort. Bereits am nächsten Tag empfing er King und gab, an die

Presse gewandt, zu Protokoll: „Dr. King ist sehr aufrichtig in dem, was er zu tun versucht […], aber manchmal hat er nicht alle Fakten über die Situation vor Ort. Schließlich ist er Einwohner einer anderen Stadt."

Wiederum einen Tag später kam es in der West Side unversehens zu Auseinandersetzungen zwischen der Polizei und schwarzen Jugendlichen, die im typisch heißen Chicago-Sommer Wasserhydranten in kühlende Springbrunnen umfunktioniert hatten. King eilte herbei, um dem Gewaltausbruch Einhalt zu gebieten. Aber seine Appelle blieben wirkungslos; manche der Jugendlichen lachten ihn gar aus.

Nachdem die Gewalt abgeebbt war, lud er die Anführer der Jugendbanden zu sich nach Hause ein. Diese ließen ihn sofort ihre Präferenz für die radikalere Black-Power-Bewegung spüren. Doch King gelang es in einer langen Diskussion erneut, sie für die Unterstützung der Bewegung zu gewinnen: Um drei Uhr in der Früh versprachen die harten Jungs, der Gewaltfreiheit eine Chance zu geben.

Anfang August kam dann die neue Taktik der Bewegung zum Einsatz, der die Bürgerrechtler bei ihrem ersten Marsch in einen weißen Stadtteil namens Gage Park im Südwesten Chicagos führen sollte. Gleich zu Beginn der Demonstration, im Stadtteil Marquette Park, wurde King von einem Steinwurf am Kopf getroffen. Obwohl benommen, setzte er den Marsch fort. Auf der California Avenue traf der Protestzug dann auf Hunderte Weiße, die Flaschen und Steine warfen, Fahnen der Konföderation schwenkten sowie „Nigger go home", „White Power" und „Kill him" skandierten. Auf einem ihrer Schilder stand gar: „Der einzige Weg, die Nigger zu stoppen, ist, sie auszurotten." Selbst ein Messer wurde auf King geworfen. Es verfehlte ihn zwar, verletzte jedoch einen anderen Demonstranten.

Während die derart terrorisierten Demonstranten sich hektisch zurückzogen, wuchs der sie verfolgende Mob auf Tausende Menschen an. Ganze Familien nahmen an den Ausschreitungen teil. Als die Demonstranten schließlich ihre Autos erreichten, stellten sie fest, dass viele von ihnen angezündet oder in den See geschoben worden waren. „In meinem ganzen Leben habe ich niemals eine solche Feindseligkeit und einen solchen Hass gesehen, nicht einmal in Selma", erklärte King anschließend.

Aber die Aktivisten gaben nicht auf. Gewalt und Einschüchterungsversuche kannten sie bereits von ihren Aktionen im Süden. Nur zwei Tage später fand der nächste Protestmarsch statt. Das Ziel war Belmont Cragin, ein Stadtteil im Nordwesten. Da die Polizei dieses Mal jedoch Demonstranten und Mob voneinander trennte, gab es weniger Übergriffe und Verletzte – und entsprechend weniger öffentliche Aufmerksamkeit. Am folgenden Tag erklärte Jesse Jackson daraufhin auf der abendlichen Massenversammlung, in den als besonders rassistisch verschrienen Stadtteil Cicero marschieren zu wollen.

Derweil ging Daley seinerseits in die Offensive und schickte seine Adlaten an die Öffentlichkeit. Nahezu alle Politiker der Stadt, einschließlich der Kongressabgeordneten, aber auch Gewerkschaftsführer, Wissenschaftler und Kirchenvertreter verurteilten die Märsche und forderten ein einseitiges Moratorium.

Trotz dieses ungeheuren Drucks lenkte King nicht ein. Man müsse diejenigen verurteilen, die die Gewalt ausübten, und nicht jene, die für ihre verfassungsmäßigen Rechte einträten, sagte er und setzte die Protestmärsche fort.

Die Ausschreitungen der Weißen hielten jedoch an. Jeder Protestmarsch traf auf massive Gewalt. Angesichts der Offenheit, mit der viele Weiße ihren Rassismus zur Schau stellten, witterten nun auch organisierte Rechtsradikale und Faschisten ihre Chance; George Lincoln Rockwell und seine *American Nazi Party*, KKK-Männer in weißen Roben und Mitglieder der *National States' Rights Party* kamen in die Stadt und schlossen sich den Aktionen des Mobs an.

Immerhin führten die anhaltenden Spannungen dazu, dass es Mitte August zu offiziellen Verhandlungen kam. Die Atmosphäre war vergiftet von wechselseitigen Schuldvorwürfen. Die Vertreter der Stadt schienen zwar zum Kompromiss bereit, die Makler jedoch, die einen erheblichen Einfluss auf die informellen Absprachen zur Rassentrennung hatten, wollten sich auf nichts festlegen. King erklärte daraufhin: „Unsere marschierenden Füße haben uns eine lange Wegstrecke gebracht, und ich glaube nicht, dass wir heute hier wären, wenn wir nicht marschiert wären." Daraufhin gab er den Anwesenden einen Einblick in seinen Gemütszustand: „So wie Sie der Demonstrationen überdrüssig sind, bin ich des Demonstrierens müde. Ich habe die Todesdrohungen satt. Ich möchte leben. Ich will kein Märtyrer sein. Und es gibt Augenblicke, in denen ich daran zweifle, ob ich das Ganze durchstehen werde." Wichtig sei aber nicht seine Person, sondern der gesellschaftliche Kontext, der die Protestmärsche notwendig mache: „Wir haben nicht viel Geld. Wir haben nicht wirklich viel Bildung, und wir haben keine politische Macht. Wir haben nur unsere Körper, und Sie verlangen von uns, diese eine Sache aufzugeben, die wir haben, wenn Sie sagen: ‚Marschieren Sie nicht!' Das können wir nicht tun."

Im Anschluss an die ergebnislose Verhandlungsrunde erwirkte Daley eine einstweilige Verfügung gegen die Protestmärsche, die von nun an hinsichtlich Teilnehmerzahl, Zeitpunkt und Dauer klar in die Schranken verwiesen waren. Der Bürgermeister behielt auch medial die Deutungshoheit, indem er erklärte, es handele sich nicht um einen Konflikt zwischen Richtig und Falsch, zwischen Gerecht und Ungerecht, wie King es immer wieder betonte, sondern um einen Konflikt zwischen dem Kampf um abstrakte Rechte auf der einen Seite und dem Einsatz für Sicherheit und Wohlergehen der Stadt auf der anderen. Genau dies wollte die übergroße Mehrheit der weißen Bevölkerung, die keine Änderung des sie privilegierenden Status quo wünschte, hören.

Dennoch bewegte die Drohung eines Marsches durch Cicero die Verantwortlichen schließlich dazu, substanzielle Konzessionen zu machen. Die Vertreter der Bürgerrechtsbewegung, die ihrerseits eine weitere Eskalation des Konflikts befürchteten, zeigten sich ebenfalls gewillt, ein Abkommen zu schließen. De facto hatte die „Freiheitsbewegung" angesichts der politischen Kräfteverhältnisse in der Stadt allerdings auch kaum eine Wahl.

Am 26. August kam man zu einer Vereinbarung. Ihre Kernpunkte waren: Alle relevanten Akteure der Stadt sagen zu, sich für den freien Zugang zu Wohnungen einzusetzen; Maklern, die dagegen verstoßen, wird die Lizenz entzogen; der öffentliche Wohnungsbau soll sich auf kleinere, über die Stadt verteilte Häuser konzentrieren; die Diskriminierung von Schwarzen bei der Vergabe von Krediten und Hypotheken wird beendet; die Verwaltung vergibt Wohnungen künftig ohne Diskriminierung schwarzer Sozialhilfeempfänger; und ein Gremium wird eingerichtet, das die Umsetzung der Vereinbarung überprüfen soll.

Dieses Abkommen war durchaus ein Erfolg – solange es eingehalten würde. Aber während King zum Abschluss der

Verhandlungen betonte, dass die Vereinbarung verbindlich sein müsste, erklärte Daley wenig später, es handele sich nur um „Empfehlungen". Indem er auf diese Weise den bindenden Charakter der Übereinkunft abstritt, hatte der Bürgermeister die Bewegung einmal mehr ausgetrickst. Was blieb, waren unverbindliche Absichtserklärungen.

King war von dieser Entwicklung enttäuscht. Er sah die Trickserei als weiteren Beleg für die afroamerikanische „Geschichte der Enttäuschung und der gebrochenen Versprechen". „Ägypten existiert immer noch in Chicago, aber die Pharaonen sind raffinierter und hinterlistiger geworden", sagte er.

Zwar sollte die Kampagne der SCLC trotz ihres, gemessen an den Zielen, „erfolgreichen Scheiterns" langfristig Erfolge zeitigen. Denn die städtische Basisbewegung der Afroamerikaner brach nach Kings Fortgang nicht ein, sondern setzte sich fort und kulminierte anderthalb Jahrzehnte später in der erfolgreichen Massenbewegung für die Wahl des ersten schwarzen Bürgermeisters Chicagos, Harold Washington.

Aber dieser Erfolg lag einstweilen noch in weiter Ferne. Überaus sichtbar war stattdessen die Niederlage der Bürgerrechtsbewegung. Sie wurde im April 1967 symbolisch bestätigt durch den, auch in den schwarzen Stadtteilen, überwältigenden Wahlsieg des „Bosses" Richard J. Daley. Gesiegt hatte damit auch das sogenannte *civic credo* der Weißen: Man versprach den Schwarzen die Gleichberechtigung für die Zukunft, verweigerte sie aber für die Gegenwart.

Kapitel 16
White Backlash

Im Birminghamer Gefängnis arbeitet King unermüdlich an seinem „Brief aus dem Gefängnis". An die Adresse der acht Geistlichen gewandt, formuliert er seine Enttäuschung über ihre ausbleibende Unterstützung des Kampfes der Bürgerrechtsbewegung gegen die Rassentrennung.

„Ich will Ihnen, meine christlichen und jüdischen Brüder, zwei Geständnisse machen. Als Erstes muss ich bekennen, dass ich in den letzten Jahren von den gemäßigten Weißen zutiefst enttäuscht wurde. Ich bin beinahe zu dem Schluss gekommen, dass das größte Hindernis auf dem Wege des Negers in die Freiheit nicht White Citizens' Council oder Ku-Klux-Klan ist, sondern der gemäßigte Weiße, dem ‚Ordnung' mehr bedeutet als Gerechtigkeit, der einen negativen Frieden, in dem es keine Spannungen gibt, einem positiven Frieden, in dem Gerechtigkeit herrscht, vorzieht; der ständig sagt: ‚Mit Ihrem Ziel bin ich völlig einverstanden, nicht aber mit Ihren Methoden der direkten Aktion'; der meint, in väterlicher Fürsorge die rechte Zeit für die Freiheit eines anderen bestimmen zu müssen; der dem Neger immer wieder rät, einen ‚passenderen Zeitpunkt' abzuwarten. Oberflächliches Verständnis bei Menschen, die guten Willens sind, ist entmutigender als absolutes Missverständnis bei Menschen bösen Willens. Lauwarme Anerkennung ist irreführender als völlige Ablehnung.

Ich hatte gehofft", fährt King fort, „die gemäßigten Weißen würden verstehen, dass das Gesetz dazu da ist, die Gerechtigkeit durchzusetzen, und dass es andernfalls zu einem gefährlichen Hindernis wird, das die Flut des sozialen Fortschritts hemmt. Ich hatte gehofft, der gemäßigte Weiße würde verstehen, dass die augenblickliche Spannung in den Südstaaten nur eine notwendige Übergangsphase ist, und zwar von einem negativen Frieden, in dem der Neger die Ungerechtigkeit teilnahmslos hinnahm, zu einem positiven Frieden, in dem alle Menschen die Würde und den Wert der menschlichen Persönlichkeit respektieren werden. [...]

Sie behaupten in Ihrem Brief, dass unser Vorgehen zwar friedlich, aber trotzdem verwerflich sei, weil es Gewalttätigkeiten heraufbeschworen habe. Ist diese Behauptung logisch? Heißt das nicht, den Beraubten zu verdammen, weil er dadurch, dass er Geld besaß, die verwerfliche Tat des Raubes heraufbeschwor? Bedeutet das nicht, Sokrates zu verurteilen, weil sein unerschütterliches Bekenntnis zur Wahrheit und seine philosophischen Forschungen die irregeleitete Öffentlichkeit dazu trieben, ihm den Giftbecher zu reichen? Bedeutet das nicht, Jesus zu verdammen, weil sein einzigartiges Gottesbewusstsein, seine nie endende Unterwerfung unter Gottes Willen die böse Tat seiner Kreuzigung heraufbeschworen? Wir müssen zu der Erkenntnis gelangen, dass es – wie auch die Bundesgerichtshöfe übereinstimmend festgestellt haben – unmoralisch ist, einen Menschen zur Aufgabe seiner Bemühungen um die grundlegenden verfassungsmäßigen Rechte aufzufordern, weil diese Bemühungen Gewalttätigkeiten auslösen könnten. Die Gesellschaft muss die Beraubten schützen und die Räuber bestrafen.

Ich hatte auch gehofft, dass der gemäßigte Weiße den Mythos der Zeit als verwerflich ablehnen würde. Heute Morgen erhielt ich einen Brief von einem weißen Bruder aus Texas, in dem er schreibt: ‚Alle Christen wissen, dass die Farbigen eines

Tages die Gleichberechtigung erlangen werden. Aber gehen Sie nicht vielleicht zu weit in Ihrer religiösen Eile? Das Christentum hat zweitausend Jahre gebraucht, um zu erreichen, was es erreicht hat. Christi Lehren brauchen Zeit, um Wurzeln zu fassen.'"

Dieser Aufforderung zur Geduld der Unterdrückten mit ihrer Unterdrückung widerspricht der Inhaftierte entschieden: „Was hier gesagt ist, erwächst aus einem tragischen Missverständnis des Begriffes ‚Zeit'. Es ist die seltsam unrealistische Vorstellung, dass die Zeit die Fähigkeit besäße, unweigerlich alle Übel zu heilen. Die Zeit ist aber neutral. Sie kann sowohl destruktiv als auch konstruktiv genutzt werden. Ich glaube allmählich, dass die Menschen bösen Willens ihre Zeit wesentlich nützlicher verwendet haben als die Menschen guten Willens. Unsere Generation wird eines Tages nicht nur die ätzenden Worte und schlimmen Taten der schlechten Menschen zu bereuen haben, sondern auch das furchtbare Schweigen der guten. Wir müssen erkennen lernen, dass menschlicher Fortschritt niemals auf den Rädern des Unvermeidlichen heranrollt. Er ist das Ergebnis unermüdlicher Bemühungen und beharrlichen Einsatzes von Menschen, die bereit sind, Mitarbeiter Gottes zu sein. Ohne solche Anstrengungen wird die Zeit zum Verbündeten der Kräfte des sozialen Stillstandes. Wir müssen die Zeit schöpferisch verwenden und uns stets vor Augen halten, dass immer die rechte Zeit ist, das Rechte zu tun. Jetzt ist die Zeit, die Grundsätze der Demokratie zu verwirklichen und das Klagelied unserer Nation in eine schöpferische Hymne der Brüderlichkeit umzuwandeln. Jetzt ist die Zeit, unsere nationale Politik aus dem Treibsand der Rassenungerechtigkeit zu heben und auf den sicheren Felsen menschlicher Würde zu stellen."

Anschließend formuliert King seine tiefe Enttäuschung: „Ich hatte gehofft", schreibt er, „die gemäßigten Weißen würden das erkennen. Vielleicht war ich zu optimistisch. Vielleicht hatte ich zu viel erwartet. Ich meine festgestellt zu haben, dass nur wenige Angehörige einer Rasse, die eine andere unterdrückt hat, das tiefe Stöhnen und das leidenschaftliche Verlangen der Unterdrückten wirklich verstehen können. Und noch weniger haben den Blick dafür, dass es notwendig ist, die Ungerechtigkeit durch eine starke, beharrliche und entschlossene Aktion auszurotten."

Dass diese Worte über die mangelnde Unterstützung der „gemäßigten" Weißen im Süden später, angesichts der 1966 in Chicago gemachten Erfahrungen, auch für den Norden Gültigkeit beanspruchen konnten, erschütterte King zutiefst. Denn daraus ergaben sich dramatische Konsequenzen für die Bürgerrechtsbewegung – und für seine persönliche politische Philosophie.

Ursprünglich hatte King gehofft, dass ihn in der Metropole des Mittleren Westens zumindest jene progressiven Liberalen unterstützen würden, deren Förderung der Bürgerrechtsbewegung noch ein Jahr zuvor, in Selma, ihren Höhepunkt erreicht hatte. Die Wirklichkeit aber sah, wie er schmerzlich erfahren musste, anders aus: „Liberal" verhielten sich die Weißen allenfalls, solange sie sich über die Ungerechtigkeiten im fernen Süden empören konnten. Wenn aber Veränderungen vor ihrer eigenen Haustür angemahnt wurden, wenn sie selbst gefordert waren, stellten sie sich entweder direkt gegen die Bewegung oder schwiegen beredt.

Es war dieses Schweigen der „gemäßigten" Weißen im Angesicht fortgesetzter schreiender Ungerechtigkeit, das King nicht ruhen ließ. Denn just in dem Moment, als er ihrer Unterstützung am meisten bedurfte, wandten sie sich von ihm ab. Kurz: Er hatte die Härte, mit der die weiße Bevölkerung auf die Unruhen in Watts und anderen Ghettos reagierte, offenkundig unterschätzt. Hatten all seine – von den Radikalen so viel gescholtene – taktische Mäßigung und seine Appelle an die amerikanischen Grundwerte so wenig bewirkt?

Der *white backlash* gegen die Emanzipationsbewegung ging tief; in Meinungsumfragen gaben nunmehr 85 Prozent der weißen Amerikaner an, dass die Schwarzen ihrer Ansicht nach zu viel demonstrierten und zu viel forderten. Der Stimmungsumschwung war eklatant, wie auch Kenneth B. Clark in seinem Buch „Dark Ghetto" feststellte. Die Weißen wollten offenbar, schreibt Clark, dass die Schwarzen „in einer Weise vorgehen, die der herrschenden weißen Gesellschaft keine Unannehmlichkeiten bereitet; die Unterdrückten werden also aufgefordert, sich um das Wohl und die Empfindlichkeiten derjenigen den Kopf zu zerbrechen, die sie als ihre Unterdrücker betrachten."

Die harsche Reaktion der Weißen zwang King dazu, seine politischen Ansichten grundlegend zu überdenken. Während und nach Chicago radikalisierte sich der Anführer der Bürgerrechtsbewegung dabei weiter. So ließ sich King auch nach dem Zerwürfnis mit SNCC und CORE nicht in die ihm von vielen Etablierten zugedachte Rolle des Kronzeugen gegen die Black-Power-Bewegung drängen. Im Gegenteil: Seine Kritik richtete er in erster Linie gegen den Backlash. Zugleich versuchte er immer wieder, die Zusammenarbeit mit dem radikalen Flügel der Bewegung zu erneuern. Dabei näherte sich King durchaus manchen der inhaltlichen Positionen an, die bereits Malcolm X vertreten hatte – ebenso wie dieser sich in seinem letzten Lebensjahr King angenähert hatte. Zwar

Martin Luther King bei einer Signierstunde, 1963

lehnte der Friedensnobelpreisträger den Black-Power-Slogan ab, weil die Kombination der Begriffe „schwarz" und „Macht" den Eindruck erweckte, es ginge um Dominanz und nicht um Gleichberechtigung. Er sagte aber zugleich: „Wir sind nicht daran interessiert, in *dieses* Wertegerüst integriert zu werden. Die Macht muss verlagert werden, eine radikale Umverteilung der Macht muss stattfinden." Auch sonst teilte King durchaus zentrale Thesen der Radikalen, so mit seinem Übergang vom Einsatz für Bürger- hin zum Kampf für Menschenrechte und seinem Eintreten für *Black is beautiful,* das heißt für schwarze Selbstbehauptung im Kontext der weißen Dominanzkultur, mit seiner anhaltenden Kritik an der „white power structure" und an der Existenz der Ghettos, die er nunmehr als „interne Kolonien" bezeichnete, am Vietnamkrieg und am, wie er sagte, „dreifachen, miteinander verbundenen

Übel des Rassismus, der Ausbeutung und des Militarismus". Vor allem aber war auch in Kings Augen die rassistische Praxis der Weißen primär für die Ghettounruhen verantwortlich. Auf der Feier zum zehnjährigen Bestehen der SCLC im August 1967 zitierte er Victor Hugos „Die Elenden": „Wenn die Seele in Dunkelheit gelassen wird, werden Sünden begangen. Der Schuldige ist nicht der, welcher die Sünde begeht, sondern der, welcher die Dunkelheit verursacht." Es seien „die politisch Mächtigen unter den Weißen", donnerte er, die „die Dunkelheit verursacht" hätten: „Sie haben die Diskriminierung geschaffen. Sie haben die Slums geschaffen. Sie verewigen Arbeitslosigkeit, Unwissenheit und Armut." Schon zuvor hatte er öffentlich kritisiert, dass es in der US-Geschichte keine einzige echte Anstrengung seitens der weißen Mehrheit gegeben habe, die Gleichheit der Schwarzen zu verwirklichen.

Chicago hatte in seinen Augen unmissverständlich gezeigt, dass die meisten weißen Amerikaner im besten Falle „unbewusste" Rassisten seien; „die Wurzeln des Rassismus gehen in Amerika sehr tief". Auch verstand er Rassismus nicht länger als eine bloße Geisteshaltung, sondern als die systematische Ausbeutung der Afroamerikaner durch die weiße Mehrheit. In diesem Sinne erkannte er in der von vielen Weißen reklamierten „Farbenblindheit", wie Eric Michael Dyson schreibt, eine Maskerade, welche „die weißen Privilegien und die weiße Vorherrschaft verschleiert und auf diese Weise die Ungleichheit der Schwarzen bekräftigt". King bewegte sich damit – nach Chicago – nicht länger im Rahmen der amerikanischen *liberal tradition,* wie er im April 1967 in einem Interview selbst eingestand: „Jahrelang leitete mich der Gedanke, die bestehenden Institutionen der Gesellschaft zu reformieren, ein bisschen Wandel hier, eine kleine Änderung dort. Jetzt empfinde ich ganz anders. Ich denke, es bedarf einer Rekonstruktion der gesamten Gesellschaft, einer Revolution der Werte." In seiner Radioansprache am Heiligabend 1967 beklagte er, dass sich der „Traum" von einer gerechten Welt immer mehr „in einen Albtraum verwandelt" habe, weshalb die Wirklichkeit nun „einen Traum der Revolution anstatt einen der Reform" erfordere.

In nur einem Jahrzehnt hatten sich Kings Forderungen damit dramatisch verändert: von der anfänglichen Bitte um eine höflichere Form der Rassentrennung in den Bussen Montgomerys hin zur Befürwortung „einer sozialen Revolution" für „grundlegende strukturelle Änderungen in der Architektur der amerikanischen Gesellschaft".

Der Befreiungstheologe ging sogar noch einen Schritt weiter und wandte sich gegen die bestehende Wirtschaftsordnung: „Mit dem Kapitalismus stimmt etwas nicht." Die Wurzeln ökonomischer Ungerechtigkeit lägen „im System und nicht in den Menschen oder in Bedienungsfehlern". In seinen Predigten ging es immer öfter um Armut und Klassenausbeutung; in einem Interview sprach er gar davon, „eine Art Klassenkampf" zu führen.

Gleichzeitig plädierte King für einen „demokratischen Sozialismus" in Amerika. So offen redete der Friedensnobelpreisträger zwar nur im Freundeskreis und auf internen Treffen wie den Klausurtagungen der SCLC, wo er diesbezüglich zwar Widerspruch, nicht aber die öffentliche und veröffentlichte Meinung des Kalten Krieges fürchten musste. In seinem letzten, 1967 veröffentlichen Buch, „Where Do We Go From Here", fordert er jedoch offen „eine sozial bewusste Demokratie", die den Widerspruch „zwischen überflüssigem Reichtum und erbärmlicher Armut" aufhebe.

Kapitel 17
Friede den Hütten

Dem Kampf gegen die soziale Spaltung des Landes widmete King auch seine letzte große, unvollendet gebliebene Kampagne: die *Poor People's Campaign*.

Das Unterfangen, einen massenhaften Protest armer Amerikaner in Washington zu organisieren, stand allerdings von Beginn an unter keinem günstigen Stern. Zum einen war King zu dieser Zeit völlig ausgelaugt und konnte kaum mehr schlafen. An neun von zehn Tagen befand er sich auf Reisen. In ihm stiegen geradezu apokalyptische Visionen von einem heraufziehenden „Krieg der Rassen" auf. Die ungeheuren psychischen Belastungen kompensierte er durch Kettenrauchen, Essen und noch mehr Affären.

Zum anderen intensivierte das FBI die Diskreditierung Kings und setzte massiv legale und illegale Mittel ein, sein Vorhaben zu untergraben und sein Image zu zerstören. In Regierungskreisen herrschte, wie der damalige Justizminister Ramsey Clark später aufdecken sollte, inzwischen „buchstäblich Paranoia" vor den Aktionen des Friedensnobelpreisträgers.

Auch in seiner eigenen Organisation traf er auf Widerstand. Denn in der SCLC gingen die Vorstellungen darüber, wie die Bewegung nach ihrem Sieg über die gesetzliche Rassentrennung weitermachen sollte, weit auseinander. Kings engste Mitarbeiter plädierten für ihre jeweils eigenen Schwerpunktsetzungen: Hosea Williams wollte den Kampf auf die Wählerregistrierung und die Wahl schwarzer Abgeordneter im Süden fokussieren, Jesse Jackson die *Operation Breadbas-*

ket auf das ganze Land ausweiten, James Bevel den Vietnamkrieg in den Mittelpunkt stellen. Wieder andere befürchteten einen weiteren Rückgang der Spenden. Stanley Levison, der angebliche Kommunist, warnte, der Einsatz für eine „revolutionäre Änderung der Gesellschaft" sei „schlechte Taktik". Bayard Rustin ging mit seiner Kritik an der Kampagne sogar an die Öffentlichkeit. Die Begeisterung für eine Mobilisierung der Armen (und die dieser zugrunde liegenden Klassenanalyse) hielt sich also durchaus in Grenzen.

King aber ließ sich nicht beirren und richtete all seine verbliebenen Energien darauf, die Bürgerrechtsbewegung in eine, wie er sagte, „zweite Phase" des Kampfes zu führen, die von einem massiven Einsatz gegen die strukturelle ökonomische Ungleichheit gekennzeichnet sein sollte. Dazu wollte er eine „Regenbogen-Koalition" der Armen aller Hautfarben mobilisieren.

„Amerikas größtes Problem und größter Widerspruch", sagte King, „ist, dass es hier 35 Millionen Arme gibt in einer Zeit, in der die eigenen Ressourcen so gewaltig sind, dass die bloße Existenz von Armut einen Anachronismus darstellt."

Den Kampf gegen die krasse soziale Ungleichheit interpretierte er auch als Christenpflicht. Denn in der Bibel steht geschrieben: „Der Herr geht ins Gericht mit den Ältesten und den Fürsten seines Volkes: Ihr, ihr habt den Weinberg geplündert; eure Häuser sind voll von dem, was ihr den Armen geraubt habt." (Jesaja 3,14) Und im Neuen Testament heißt es: „Eher geht ein Kamel durch ein Nadelöhr, als dass ein Reicher ins Himmelreich kommt." (Lukas 18,25; Matthäus 19,24) Martin Luther King war daher überzeugt: „Es gibt nur wenige Dinge, die so uneingeschränkt sündhaft sind wie ökonomische Ungerechtigkeit." Deshalb sei es „moralisch richtig", „darauf zu bestehen, dass jeder Mensch ein anständiges Haus, angemessene Bildung und genügend Geld hat, um seine Familie mit den lebensnotwendigen Gütern zu versorgen".

King würde fortan vor allem für soziale Menschenrechte streiten. In Anlehnung an die „Bill of Rights", die – damals gegen den Widerstand der „Gründungsväter" durchgesetzten – bürgerrechtlichen Zusatzartikel zur amerikanischen Verfassung, forderte er deshalb eine „Economic Bill of Rights". Notwendig seien ein Sofortprogramm zur Beendigung der Arbeitslosigkeit, ein milliardenschweres Programm zur Abschaffung der Armut und ein garantiertes Mindesteinkommen von 4000 Dollar jährlich für jeden Erwachsenen.

Der Friedensnobelpreisträger nahm in diesem Zusammenhang auch die globale Ungleichheit ins Visier. Das reichste Land der Erde müsse sich, verlangte er, des Elends der Welt annehmen und unverzüglich einen Marshallplan für die „Dritte Welt" auflegen, anstatt sich einer kriegerischen Politik der Dominanz und Ausbeutung zu verschreiben.

Um die Ungleichheit der Afroamerikaner zu bekämpfen, die auf Jahrhunderten amerikanischer Geschichte gründete, verlangte King zudem eine bevorzugte Behandlung der ehemaligen Sklaven. Er erinnerte hierbei an ein Gespräch mit dem indischen Premierminister Jawaharlal Nehru, das er 1959 im Rahmen seiner Indienreise geführt hatte. Die Regierung in Neu-Delhi sei dem dortigen „schwierigen Problem der Unberührbaren", das dem „amerikanischen Dilemma" der Schwarzen ähnle, dadurch begegnet, dass sie die Unberührbaren gezielt förderte. Eine derartige Förderung (Affirmative Action) sei auch für die Afroamerikaner geboten.

Die Kühnheit seines Vorhabens einer *Poor People's Campaign* zeigte sich auch im Wandel der von King weiterhin uneingeschränkt befürworteten gewaltfreien Methode. King stellte sich nämlich eine Belagerung der Hauptstadt durch die Enteigneten vor. Er wollte eine Zeltstadt errichten und Washington erst wieder verlassen, wenn materielle Besserung verbindlich zugesagt worden wäre. Bis dahin würde man massive Aktionen wie Straßenblockaden und eine dauerhafte Belagerung von Regierungsgebäuden organisieren. King sprach in diesem Zusammenhang sogar von „aggressiver Gewaltfreiheit" und „gewaltfreier Sabotage". Damit wandelte sich auch das Konzept des gewaltfreien Protests erneut: War es anfangs, in Montgomery, noch wesentlich darauf ausgerichtet gewesen, die Weißen von der eigenen Friedfertigkeit zu überzeugen und für die Anliegen der Bewegung zu gewinnen, wurde es mit den Sit-ins zu einem Instrument des sozialen Kampfes. Nunmehr sollte die gewaltfreie Aktion direkt darauf gerichtet sein, „den Betrieb einer unterdrückerischen Gesellschaft [zu] lähmen".

Während die Vorbereitungen für die *Poor People's Campaign* auf Hochtouren liefen, erhielt King Ende Februar 1968 einen Anruf von James Lawson. Lawson hatte lange dem engen Führungskreis der SCLC angehört und viele Jahre die Workshops zur gewaltfreien direkten Aktion geleitet. Auch für das *Project C* in Birmingham rekrutierte, trainierte und unterrichtete er Hunderte Freiwillige. In dieser Rolle hatte er immer wieder deutlich gemacht, dass Bereitschaft und Moral der Aktivisten entscheidend für den Verlauf jeder Kampagne seien.

Lawson war inzwischen Pfarrer in Memphis. Er bat King um Unterstützung eines lokalen Streiks schwarzer Müllmänner. Ursache des Streiks war die andauernde Diskriminierung der schwarzen Arbeiter. Der Anlass ging auf den Januar zurück. An einem Schlechtwettertag waren die schwarzen Müllmänner nach zwei Stunden Arbeit nach Hause geschickt worden. Aber während sie, wie so oft, nur die zwei Stunden bezahlt bekamen, die sie auch gearbeitet hatten, wurde den weißen Müllmännern der ganze Tag angerechnet. Doch damit nicht genug: Am selben Tag waren zwei schwarze Müllmänner zu Tode gekommen, weil die Weißen sie während des Regens nicht im Führerhaus, sondern in der Müllpresse sitzen ließen. Und weil die beiden Arbeiter nicht registriert waren, erhielten ihre Familien nicht mal eine Entschädigung.

Am 12. Februar traten daraufhin dreizehnhundert Afroamerikaner unter Führung der Gewerkschaft des öffentlichen Dienstes AFSCME in einen „wilden Streik". Die Stadt zeigte sich entschlossen, ihren Streik zu brechen. Der Bürgermeister lehnte Verhandlungen ab, rekrutierte Streikbrecher und ließ Protestdemonstrationen buchstäblich niederknüppeln.

Am 18. März kam King nach Memphis und hielt eine Rede vor 15 000 Unterstützern des Streiks. Ganz im Sinne der bevorstehenden *Poor People's Campaign* wandte sich King gegen die üblichen Niedriglöhne: „Es ist kriminell, Menschen auf Vollzeit-Basis und in einem Vollzeit-Job arbeiten zu lassen, wenn diese dafür nur ein Teilzeit-Einkommen erhalten." Und er begründete die gebotene materielle und ideelle Besserstellung der Müllmänner zugleich mit dem gesellschaftlichen Wert ihrer Arbeit: „Denn die Person, die unseren Müll abholt, ist letztlich genauso wichtig wie der Arzt, weil nämlich, wenn sie ihren Job nicht macht, Krankheiten grassieren."

Zehn Tage später begab sich King erneut in die Stadt, um eine Demonstration der Streikenden und ihrer Unterstützer anzuführen. Schon zu Beginn fing eine Gruppe Jugendlicher am Ende des Protestzuges an, Schaufensterscheiben einzuwerfen. Daraufhin schritt die Polizei mit aller Härte ein. Die Konfrontation führte zu Dutzenden Verletzten. Schlimmer noch: Ein 16-Jähriger wurde sogar von der Polizei erschossen.

Zum ersten Mal war damit ein Mensch auf einer von Martin Luther King geführten Demonstration zu Tode gekommen. King war vollständig niedergeschmettert. Freunde brachten ihn ins Hotel, wo er sich angekleidet ins Bett legte, die Decke über den Kopf zog und die ganze Nacht über verzweifelt wach lag.

Das Presse-Echo am nächsten Tag, auf das das FBI einmal mehr massiv Einfluss nahm, war vernichtend. Offensichtlich hatte Hoover nur auf einen Vorwand gewartet, um mit aller Macht loszuschlagen. King wurde persönlich für die Gewalt verantwortlich gemacht.

King jedoch kündigte, sobald er sich wieder gefangen hatte, eine weitere Demonstration an. Er wollte den Streik weiter unterstützen und beweisen, dass die Gewaltfreiheit keineswegs, wie die Radikalen behaupteten, erledigt sei. Um sicherzustellen, dass diese friedlich verlaufen würde, traf er sich mit einigen der jugendlichen Unruhestifter. Einmal mehr stellte er seine Dialogbereitschaft und Überzeugungskraft unter Beweis. Denn diejenigen, die der Gewaltfreiheit noch am Tag zuvor nicht hatten folgen mögen, willigten jetzt ein, sich auf friedliche Mittel zu beschränken.

Die Stadt erwirkte daraufhin eine einstweilige Verfügung gegen die Demonstration. Dennoch wollte King die Demonstration abhalten und kehrte am 3. April nach Memphis zurück. In Depressionen versunken, schickte er als Vertretung seinen Freund Abernathy zur abendlichen Massenversammlung. Der jedoch rief aus der Kirche an und bat ihn, die Menschen, die seinetwegen gekommen waren, nicht zu enttäuschen. Daraufhin fuhr King in den Mason Temple der *Church of Christ in God*, der größten afroamerikanischen Pfingstgemeinde.

King begann seine Rede mit einer geschichtlichen Zeitreise, aus der er eine Lehre ableitete: „Wir müssen zusammenhalten und die Einheit bewahren. Ihr wisst, immer wenn der Pharao die Sklaverei in Ägypten verlängern wollte, hatte er dafür ein bevorzugtes Mittel. Welches? Er ließ die Sklaven untereinander streiten. Aber sobald sich die Sklaven zusammentun, geschieht etwas am Hofe des Pharao, und dann kann er die Sklaverei nicht weiter aufrechterhalten. Wenn die Sklaven zusammenkommen, dann kommen sie bald heraus aus der Sklaverei. Deshalb lasst uns Einheit bewahren!"

Anschließend wandte sich King dem Streik der Müllmänner zu. Es handle sich hierbei um einen Kampf gegen die Ungerechtigkeit, und um die Stadt Memphis zu zwingen, endlich fair und ehrlich mit ihren Angestellten umzugehen, bedürfe es einer besonderen Solidarität: „Die Frage ist nicht: ‚Wenn ich stehen bleibe, um diesem Mann in Not zu helfen, was wird mir passieren?' Die Frage ist: ‚Wenn ich nicht stehen bleibe, um den Müllarbeitern zu helfen, was wird ihnen passieren?' *Das* ist die Frage!"

Diesem Bild des guten Samariters entsprechend betonte King die Diesseitigkeit des göttlichen Auftrags: „Ein Prediger muss sein wie Amos und sagen: ‚Möge das Recht wie Wasser fließen und Gerechtigkeit wie ein mächtiger Strom.' In gewisser Weise muss der Prediger mit Jesus sagen: ‚Der Geist des Herrn ruht auf mir, denn er hat mich gesalbt, um die Probleme der Armen aufzugreifen.' [...] Es ist nicht falsch, über Straßen zu reden, in denen Milch und Honig fließen, aber Gott hat uns befohlen, uns um die Slums hier unten zu sorgen, und um seine Kinder, die nicht einmal drei ausreichende Mahlzeiten am Tag erhalten. Es ist nicht falsch, über das neue Jerusalem zu reden, aber eines Tages muss ein Prediger Gottes über das neue New York, das neue Atlanta, das neue Los Angeles, das neue Philadelphia und das neue Memphis/Tennessee reden. Das ist unsere Aufgabe."

King endete seine Rede mit den Worten: „Ich weiß nicht, was jetzt geschehen wird. Vor uns liegen schwierige Tage. Aber das macht mir jetzt nichts aus. Denn ich bin auf dem Gipfel des Berges gewesen. Und ich mache mir keine Sorgen. Wie jeder andere würde ich gerne lange leben. Langlebigkeit hat ihren Wert. Aber darum bin ich jetzt nicht besorgt. Ich möchte nur Gottes Willen tun. Er hat mir erlaubt, auf den Berg zu steigen. Und ich habe hinübergesehen. Und ich habe das Gelobte Land gesehen. Vielleicht gelange ich nicht dorthin mit euch. Aber ihr sollt heute Abend wissen, dass wir, als ein Volk, in das Gelobte Land gelangen werden. Und deshalb bin ich heute Abend glücklich. Es gibt nichts, was mir Sorgen macht. Ich fürchte niemanden. Meine Augen haben die Herrlichkeit der Ankunft des Herrn gesehen!"

Am nächsten Tag war Martin Luther King tot. Der Streik der Müllmänner von Memphis aber „öffnete den Menschen die Augen für die Ungerechtigkeit von Armut und Rassismus, und er gab ihnen Hoffnung auf eine andere Welt". Und sie würden ihren Streik schließlich doch noch gewinnen.

Kapitel 18
D-Day

Am Samstag, den 20. April 1963, werden King und Abernathy schließlich gegen Kaution aus dem Stadtgefängnis von Birmingham entlassen.

King stellt rasch fest, dass sich seine schlimmsten Befürchtungen bewahrheitet haben: Die aktive Unterstützung der Bewegung ist merklich abgeflaut, und die Zahl der Freiwilligen, die auf den täglichen Abendversammlungen ihre Bereitschaft zur Inhaftierung erklären, bewegt sich inzwischen regelmäßig im einstelligen Bereich. Daran ändert auch die Freilassung des Anführers zunächst nichts. Im Führungszirkel der Bewegung breitet sich deshalb bereits die Angst aus, die Kampagne könne mit einer Niederlage enden, bevor sie überhaupt richtig losgegangen ist. Denn auch die Tage nach Kings Freilassung stehen generell unter keinem guten Stern; am 30. April wird der Antrag auf Genehmigung eines öffentlichen Massenprotestes für den 2. Mai ebenfalls gerichtlich untersagt. Damit aber droht, das weiß King nur zu gut, unvermeidlich die Niederlage – und der Sieg der Anhänger der Rassentrennung.

Im Gaston Motel drehen sich die Diskussionen über das weitere Vorgehen im Kreis; angesichts der Entschlossenheit der Gegner und der Einschüchterung der eigenen Anhänger weiß keiner mehr einen Ausweg. Außer James Bevel. Der 26-jährige Exzentriker, der auf dem kahl rasierten Kopf als Referenz an die jüdischen Propheten eine Jarmulke trägt, wird von King vor allem für seinen unorthodoxen Ideenreichtum geschätzt, den Bevel nun einmal mehr unter Beweis stellt, als er im Gaston Motel einen ungeheuerlichen Vorschlag unterbreitet: Weil die Erwachsenen durch den drohenden Verlust ihres Arbeitsplatzes so massiv eingeschüchtert seien, dass sie sich nicht öffentlich zu protestieren trauten, müsse man, so Bevel, nun eben die Schulkinder mobilisieren.

Der Hintergrund dieses Vorschlags ist, dass Bevel seit Wochen Nachmittags-Workshops für Schüler ausrichtet, in denen er sie in der Methode gewaltfreien Protests unterrichtet. Ende April übersteigt die Anzahl der Teilnehmer an diesen Workshops bereits die Zahl der Mitstreiter auf den Abendversammlungen. Bevel argumentiert, auch die Sit-ins in Nashville und anderen Städten seien nur deshalb von Erfolg gekrönt gewesen, weil sie von entschlossenen Teenagern durchgesetzt worden seien. Und nun bliebe der Bewegung auch in Birmingham nur noch die Option, auf das Protestpotenzial der Schulkinder zurückgreifen, wenn sie ihre Niederlage – und in der Folge ihren möglicherweise dauerhaften, landesweiten Niedergang – doch noch vermeiden wolle.

Anfangs stellt sich die gesamte Runde im Gaston Motel, einschließlich King, gegen diesen Vorschlag. Die Sorge um die Kinder ist zu groß. Und man fürchtet die Reaktion der Eltern, aber auch der Öffentlichkeit.

Über den Aktivisten schwebt jedoch das Damoklesschwert einer drohenden Niederlage. Die Verantwortung der Anführer ist groß – nicht zuletzt auch für die Zukunft der schwarzen Kinder. Deshalb will niemand verantwortlich sein für den Sieg der Rassentrennung. Auch King ist überaus besorgt: „Wir müssen etwas auf die Beine stellen. Die Presse verliert bereits das Interesse. Wir müssen etwas tun, um ihre Aufmerksamkeit zurückzugewinnen." Vor die Alternative gestellt, entweder den Rückzug aus Birmingham anzutreten oder etwas Spektakuläres zu tun und die Schulkinder zu mobilisieren, macht er sich schließlich die, so King, „Inspiration" Bevels zu eigen. Der 2. Mai wird zum *D-Day*, zum „Tag der Entscheidung", ausgerufen. Noch am selben Abend verkündet Bevel auf der Massenversammlung, dass der Protest trotz der gerichtlichen Verfügung stattfinden werde, und zwar als eine Demonstration von Highschool-Schülern.

In den folgenden internen Diskussionen darüber, ab welchem Alter Kinder denn an der Demonstration teilnehmen dürften, plädiert Bevel ebenfalls für eine entschlossene Haltung. Nach seinem Dafürhalten soll jedes Kind, das alt genug ist, zur Kirche zu gehen, auch am Protest teilnehmen und dafür ins Gefängnis gehen dürfen. Wie könne man, räsoniert Bevel, den Kindern erklären, dass sie alt genug seien, über ewiges Leben oder Verdammnis zu entscheiden, aber zu jung, um gegen die Rassentrennung zu protestieren?

Auch in dieser Frage stellt King sich schließlich auf Bevels Seite. Dabei birgt diese Entscheidung für ihn selbst ein hohes Risiko; schon bald beginnen Kinder, ihre Eltern mit der Begründung unter Druck zu setzen, Martin Luther King wolle, dass sie ins Gefängnis gingen. Im Angesicht des drohenden Scheiterns der Bewegung gibt er sich jedoch einen Ruck und legt das Schicksal der Bewegung in die Hände der Schulkinder.

Bevel schickt umgehend jugendliche Aktivisten aus, um an den Schulen und schließlich auch den Grundschulen für die Aktion zu werben. Mehr noch: Er gewinnt auch die überaus populären Discjockeys der lokalen schwarzen Radiosender dafür, die Werbetrommel zu rühren.

Am 2. Mai ist schließlich *D-Day*. Die Polizei hat sich bereits am Vormittag vor der 16th Street Baptist Church aufgestellt und harrt der Dinge, die da kommen mögen.

Erst um kurz nach ein Uhr öffnet sich die Kirchentür. Fünfzig Teenager marschieren in Zweierreihen heraus. Der Anblick der Polizisten schreckt sie nicht ab, ja er scheint sie nicht einmal zu irritieren. Einzelne führen Schilder mit sich wie „Rassentrennung ist eine Sünde". Die Jugendlichen sind offensichtlich nicht nur gut auf die Situation vorbereitet, sondern auch bis in die Haarspitzen motiviert und geradezu glücklich, sich endlich gegen ihre Zurücksetzung zur Wehr setzen zu können: Sie singen „We Shall Overcome", skandieren Slogans, beten, tanzen, hüpfen, klatschen, lachen.

Die Polizei hat inzwischen das gesamte Gelände abgeriegelt. Man erinnert die Protestierenden über Megafon an die gerichtliche Verfügung und warnt, man werde alle verhaften, sollte sich die Demonstration nicht unverzüglich auflösen. Als die Jugendlichen unbeeindruckt weitersingen, werden sie in Arrest genommen.

Aber damit nicht genug: Sobald die erste Gruppe in die Polizeiwagen verfrachtet ist, tritt eine zweite Gruppe aus der Kirche. Und wieder bietet sich das gleiche Bild: Die Jugendlichen singen, klatschen und tanzen, bis die Polizei auch sie verhaftet. Nun sind bereits hundert Demonstranten in Polizeigewahrsam.

Und das ist keinesfalls das Ende der Aktion. Denn es folgt eine weitere Gruppe, und der Ablauf wiederholt sich. Daraufhin tritt eine vierte Gruppe nach draußen, und dann noch eine, und noch eine – die Kette von Protestlern reißt nicht ab: Kaum ist eine Gruppe in Haft genommen und in die bereitstehenden Polizeifahrzeuge verfrachtet worden, folgt eine neue. Schließlich ist die Zahl der Inhaftierten so groß, dass die Polizei Schulbusse anfordern muss, um die Jugendlichen und, mit den letzten Gruppen, auch die Kinder abtransportieren zu können. Die Versuche der Polizei, zumindest die Grundschüler einzuschüchtern, gehen ins Leere. Die Kinder antworten regelmäßig nur, dass sie genau wüssten, was sie täten.

Der Reigen vor der Kirche geht über drei Stunden lang. Insgesamt werden an diesem Tag sechshundert Kinder und Jugendliche verhaftet.

Auf der abendlichen Massenversammlung um sechs Uhr platzt die Kirche aus allen Nähten. Über eintausend Menschen sind gekommen, darunter viele Eltern der Inhaftierten, unter denen wilde Gerüchte kursieren über das, was ihren Kindern im Gefängnis widerfahren sein soll. Die Nervosität ist groß. Aber alle, Aktivisten wie Eltern, sind von der Entschlossenheit und Disziplin der jungen Menschen beeindruckt. Keiner sieht sich angesichts der Ereignisse in der Lage, eine „normale" Rede zu halten. Auch King selbst ist sichtlich aufgewühlt. „Die ganze Welt schaut heute auf Birmingham", ruft Shuttlesworth. Bevel übernimmt die Aufgabe, den bewundernswerten Mut der Kinder zu preisen, und hebt dann an, die Freiheitslieder anzustimmen, welche die Kinder bei ihrer Inhaftierung gesungen haben.

Am nächsten Tag versammeln sich über tausend weitere Kinder in der Kirche und wollen den Protest fortsetzen. Da die Polizei erneute Verhaftungen und damit auch eine Überfüllung des Stadtgefängnisses vermeiden will, versucht sie sich diesmal allerdings in einer anderen Taktik. Als die erste Gruppe aus der Kirchentür tritt, setzen die Hüter der bestehenden Ordnung ganz auf Abschreckung: Kaum hat die Gruppe den Vorplatz der Kirche betreten, droht ein Polizeioffizier den Schülerinnen und Schülern mit dem Einsatz von Wasserwerfern. Als die Schüler übers Megafon zum Verlassen des Platzes aufgefordert werden, ziehen sich die meisten von ihnen zurück. Einige Hartnäckige aber bleiben sitzen und singen nur ein Wort, „Freiheit".

Birminghams Polizei setzt am Kelly Ingram Park Wasserwerfer ein, Mai 1963

Dann öffnet die Polizei die Druckschleusen des Wasserwerfers. Daraufhin setzen sich die Kinder auf die Straße. Obwohl der Wasserdruck anschließend weiter erhöht wird, halten die durchnässten Kinder Stand. Es ist wie „die Kindstaufe der Bürgerrechtsbewegung". Aber die Polizei der Rassentrennung kennt keine Gnade, nicht einmal gegenüber Minderjährigen. Der harte Strahl des Wasserwerfers zerfetzt die Kleidung der Kinder und fegt eines nach dem anderen von der Straße.

Die Brutalität des Einsatzes ruft bei unbeteiligten Zuschauern heftige Reaktionen hervor. Manche von ihnen, die sich bislang nicht zu einer offenen Unterstützung der Bewegung entschließen konnten, wie der Inhaber des Gaston Motels, Arthur G. Gaston, konvertieren urplötzlich zur Sache der Bürgerrechtsbewegung. Andere, die aus dem gegenüberliegenden Kelly Ingram Park zuschauen, werden hingegen zornig; Einzelne beginnen, Steine auf den Wasserwerfer zu werfen.

Die in der Methode der Gewaltfreiheit gründlich geschulten Kinder und Jugendlichen hingegen bleiben diszipliniert – und mutig: Kaum ist die erste Gruppe von der Straße gefegt, tritt die zweite aus der Kirche. Und wie am Vortag folgt auch diesmal auf jede Gruppe stets eine neue. Um der Situation Herr zu werden, sieht sich die Polizei schließlich veranlasst, doch wieder alle in Haft nehmen.

In dem Moment, als das Scheitern der polizeilichen Taktik offensichtlich wird, weil selbst der Einsatz von Wasserwerfern sich als ungeeignet erweist, den Protest der Schulkinder zu brechen, packt Bull Connor die Wut. Jetzt wird der „Bulle", wie Walker prophezeit hatte, tatsächlich zum rasenden „Stier": Mit einem Mal sind seine Vorsätze, behutsam mit der Situation umzugehen, verflogen, wischt er die Ratschläge des eigens engagierten Laurie Pritchett aus Albany beiseite, und der eingefleischte Hardliner verschärft den Konflikt: Jetzt lässt Connor seine Hundestaffel antreten.

Die Schäferhunde bellen, fletschen die Zähne und zerren an den Leinen. Ihr Anblick verbreitet Angst und Schrecken unter den Schulkindern. Dann erteilt Connor den Befehl zum Einsatz, und die Hundestaffel stürmt vorwärts. Die Kinder rennen, fliehen, aber mehrere werden dennoch durch Bisse verletzt, weitere durch den Schlagstockeinsatz der Polizisten. Zum Symbol der Polizeibrutalität wird das Foto eines weißen Polizisten mit Sonnenbrille, der einen 15-jährigen Schwarzen beim Hemd gepackt hält und mit seiner anderen Hand dem Hund gerade genug Leine lässt, dass er seine Zähne in den Bauch des Jungen schlagen kann.

Und dennoch verfehlt selbst der Einsatz der Hundestaffel sein Ziel, die Schulkinder geben nicht auf. Um drei Uhr kommt die Polizei schließlich in die Kirche und will verhandeln. Obwohl dort noch Hunderte Freiwillige auf ihren Einsatz warten, willigt King sofort in einen „Waffenstillstand" ein, denn er weiß, dass die Bilder des Tages ihre Wirkung nicht verfehlen werden.

Und in der Tat: Das ganze Land ist entsetzt über die Bilder der Polizeigewalt gegen Kinder. Dass die Polizei Wasserwerfer und Schlagstöcke einsetzt und sogar Hunde auf Kinder hetzt, führt zu einem nationalen Aufschrei der Empörung.

Allerdings sind die politisch Verantwortlichen vor Ort nicht so leicht zu beeindrucken. So verurteilt der neue, den Kennedys zufolge beinahe „liberale" Bürgermeister Boutwell nicht etwa den Polizeieinsatz, sondern die Fortsetzung der Proteste. Justizminister Kennedy äußert sich ähnlich. Burke Marshall ruft in seinem Namen bei King an und drängt – unter Verweis auf die Steinewerfer aus dem Park, die angeblich zur Gewalteskalation beigetragen hätten – auf einen Abbruch der Aktionen.

Doch King weigert sich, die Proteste einzustellen. In seinen Augen ist die plötzliche Anteilnahme für die schwarzen Schulkinder bloße Heuchelei. Denn wo waren die Politiker, wo war ihre Anteilnahme am Schicksal der Kinder in den Jahren zuvor, als sich diese tagtäglich mit Diskriminierung, Unterdrückung und, ja, mit polizeilicher Willkür und Gewalt konfrontiert sahen? Was hatten diese Politiker je getan, um die unerträglichen Zustände zu beenden?

Eben: nichts.

Genau dieses Versagen der liberalen Weißen hat King ja bereits in seinem Brief aus dem Gefängnis kritisiert. Viel wichtiger für King und seine Mitstreiter ist ohnehin die Meinungsbildung in einer anderen Gruppe: nämlich der der Eltern. Nur ihre Reaktion muss die Bewegung fürchten, nur sie können der Aktion auch gegen den erklärten Willen Kings ein Ende bereiten.

Als King am Abend die 16th Street Baptist Church betritt, lösen sich seine Befürchtungen jedoch schlagartig auf: Die gesamte Gemeinde begrüßt ihn mit donnerndem Applaus. Ihm fällt ein Stein vom Herzen, als er merkt, dass die Eltern der inhaftierten Kinder keinen Groll gegen ihn hegen, ja im Gegenteil, dass sie ihm sogar dankbar sind für die Mobilisierung ihrer Kinder – und das trotz der Orgie der Polizeigewalt und der Inhaftierung, die sie erleiden mussten. Erst jetzt, in diesem Augenblick, kann King aufatmen. Erst jetzt, wo die Eltern ihm so sehr vertrauen, dass sie auf sein Geheiß hin sogar die Inhaftierung ihrer eigenen Kinder zulassen, steht die Freiheitsbewegung geschlossen hinter ihm – in Birmingham und im ganzen Land.

Von der Anspannung gelöst, beginnt King seine Rede mit einem Witz: Bull Connor hätte offenbar nicht gewusst, dass Wasser Baptisten nicht schrecken könne. Im Gegenteil hätte Connor feststellen müssen, meint King in Anspielung auf das baptistische Taufritual, dass sie sogar im Wasser *untertauchten*. Und er erinnert die Zuhörer an seine eigene Erfahrung mit Polizeihunden: „Als ich aufwuchs, wurde ich von Hunden gebissen – ohne jeden Grund! Es macht mir deshalb nichts aus, von einem Hund gebissen zu werden, weil ich für die Freiheit eintrete!"

King versichert der Gemeinde die Unterstützung von außen: „Nein, wir stehen nicht allein. Lasst euch von niemandem einreden, dass wir alleine sind." Dann wischt er die Frage eines möglichen Moratoriums der Proteste mit einem einzigen Satz beiseite: „Gestern war D-Day, und morgen ist Doppel-D-Day!"

Tosender Applaus.

King spricht dann über die Bereitschaft der Bewegung, in ernsthafte Verhandlungen mit den Verantwortlichen einzutreten, und erläutert die Kernforderungen der Bewegung: das Ende der Rassentrennung in öffentlichen Einrichtungen und Geschäften, eine faire Einstellungspraxis der Stadt und in den Geschäften, die Freilassung der Inhaftierten und die Gründung einer „gemischten" Kommission, die regelmäßig die Fortschritte der Integration überprüfen soll. Erst am Ende seiner Rede kommt er auf die Kinder zu sprechen: „Nun, endlich, zu euren Kindern. Eure Töchter und Söhne sind im Gefängnis, viele von ihnen, und ich bin mir sicher, dass viele der Eltern heute Abend hier sind." Dann sagt er mit ganz ruhiger Stimme: „Macht euch keine Sorgen um sie. Sie leiden für etwas, an das sie glauben, und sie leiden, um diese Nation zu einer besseren Nation zu machen." Alle in der Kirche Versammelten sind zutiefst bewegt.

Nach der emotionalen Zusammenkunft sitzen King und sein Stab noch lange nach Mitternacht zusammen und planen den nächsten Tag. Dabei entwickeln sie ihrerseits eine neue Taktik: Jetzt will man auch in der Innenstadt protestieren, um den Boykott zu verstärken und den Druck auf die Geschäftsleute zu erhöhen.

Am nächsten Morgen versammeln sich die Anführer der Bewegung erneut an der 16th Street Baptist Church. Dieses

Mal handelt es sich jedoch um ein Ablenkungsmanöver, denn der Schwerpunkt der Aktivitäten soll ja Downtown stattfinden. Und tatsächlich: Während kleine Gruppen aus der Kirche treten, bewegen sich Hunderte in Kleingruppen auf verschiedenen Straßen in Richtung Innenstadt. Dort protestieren sie, beten kniend auf den Gehwegen, als die erstaunten Geschäftsleute sich zum Mittagessen begeben.

Als Bull Connor den Wandel der Taktik bemerkt, weiß er sich nicht anders zu helfen als durch die Anordnung, alle „Neger", die sich in der Innenstadt aufhielten, seien unverzüglich zu inhaftieren. Zugleich befiehlt er, die Kirchentüren zu verrammeln, um Polizisten von der Kirche in die Innenstadt abziehen zu können. Gegen diejenigen Schulkinder, die dennoch entkommen, lässt er erneut Wasserwerfer einsetzen. Als Unbeteiligte aus dem Park daraufhin beginnen, Steine zu werfen, bricht Bevel spontan den Protest an der Kirche ab und suspendiert für den nächsten Tag sämtliche Aktionen. King stimmt dieser weisen Notfallmaßnahme nachträglich zu.

Die Fernsehbilder der brutalen polizeilichen Gewalt gegen Kinder üben eine außerordentlich mobilisierende Wirkung aus – auf die Aktivisten in Birmingham, aber auch bundesweit. In der Folge treffen viele Mitstreiter und Unterstützer in der Stadt ein, darunter auch ein ganzer Schwarm Prominenter. Vor allem aber hat die Bewegung die für ihre Strategie so wichtige Aufmerksamkeit der Medien zurückerobert; ein ganzer Tross Journalisten reist nach Birmingham, und die Bewegung steht im Brennpunkt der nationalen, ja sogar der internationalen Öffentlichkeit. Deshalb kann auch der Präsident die Bilder der Polizeigewalt, und insbesondere das Bild des Hundeeinsatzes gegen den 15-jährigen Schüler, nicht länger ignorieren. John F. Kennedy erklärt, der Anblick mache ihn „krank". Zugleich behauptet er allerdings, ihm seien die Hände gebunden, da es sich um eine lokale Auseinandersetzung handele. Einen Anlass zum Eingreifen des Bundes sieht er nicht.

Immerhin trifft am Samstag mit dem stellvertretenden Justizminister endlich auch ein Vertreter der Bundesregierung in Birmingham ein. Burke Marshall soll auf Geheiß Kennedys an einer Verhandlungslösung mitwirken, um die Krise beizulegen.

Die Geschäftswelt ist allerdings gespalten. Viele sprechen sich auf internen Sitzungen für die Verhängung des Ausnahmezustandes durch Gouverneur Wallace aus, um die Bewegung zu zerschlagen. Andere zeigen sich verhandlungsbereit. Denn ihre Umsätze sind im Vormonat durch die Boykott-Aktionen dramatisch eingebrochen, und die von Bull Connor orchestrierte, gewaltsame Zuspitzung mit all der bundesweiten Negativpresse behagt ihnen nicht. Daher will die Führung der örtlichen Handelskammer, das sogenannte *Senior Citizens Committee*, nunmehr in Gespräche eintreten. Ihr Präsident, Sid Smyer, hat ein persönliches Interesse an einer Regelung, hatte ihn doch die Negativberichterstattung über die rassistische Gewalt in „seiner" Stadt bis nach Übersee verfolgt. Damals, 1961, als er sich zu Geschäftszwecken in Japan aufhielt, waren nämlich die Titelseiten der Tageszeitungen auf der anderen Seite des Pazifik plötzlich voll der Bilder vom Angriff auf die „Freiheitsfahrer" am Busbahnhof Birminghams. Smyer schwor sich seinerzeit, Connor möglichst lautlos aus dem Amt des Beauftragten für städtische Sicherheit zu entfernen, indem er dieses durch eine Neugliederung der Stadtverwaltung einfach abschaffte (deshalb erst hatte Connor jüngst für das Amt des Bürgermeisters kandidiert). Jetzt, wo

Marshall zunächst „gemäßigte" Weiße und „konservative" Schwarze an den Verhandlungstisch bringt, führt Smyer die erstgenannte Delegation.

Am Montag läuft das eintägige Moratorium aus. Burke Marshall versucht am Morgen stundenlang, King zur Aussetzung der Demonstrationen zu bewegen. Sie behinderten eine mögliche Übereinkunft, sagt er, weil auch der verhandlungsbereite Teil der weißen Elite nicht bereit sei, sich dem Druck der Straße zu beugen. Aber King will die Proteste nicht für eine derart vage Aussicht auf ein Verhandlungsergebnis aussetzen. Schließlich war die Bewegung bereits im Jahr zuvor von den Geschäftsleuten auf diese Weise ausgetrickst worden. Er weiß, dass er die Gunst der Stunde nutzen muss. Und das bedeutet für King, ohne Wenn und Aber auf die Freilassung der Schulkinder aus dem Gefängnis zu bestehen. Sie seien „politische Gefangene", erklärt er gegenüber Marshall.

Die Proteste werden deshalb fortgesetzt. Erneut versammeln sich viele Schulkinder in der 16th Street Baptist Church. Angeführt von Dick Gregory tritt die erste Gruppe aus der Kirche, und die Kinder singen: „Ich hab keine Angst vor eurem Gefängnis/denn ich will meine Freiheit/will meine Freiheit/will meine Freiheit..." Und wieder zieht eine Gruppe nach der anderen auf die Straße, wo die Polizisten sie direkt in die Polizeiwagen verfrachten. Eines jedoch ist an diesem Montag anders als an den Tagen zuvor: Denn jetzt beteiligen sich auch wieder zahlreiche Erwachsene, darunter viele Eltern der inhaftierten Kindern, am Protest und folgen ihren Kindern ins Stadtgefängnis. Allein an diesem Tag werden über tausend Menschen inhaftiert; insgesamt sind jetzt rund 2500 Menschen im Gefängnis. Jetzt ist das Gefängnis tatsächlich zum Bersten voll; die Gefängnisleitung sperrt die Neuankömmlinge bereits unter freiem Himmel, hinter Zäunen, ein. Etliche Eltern begeben sich dorthin und werfen Decken und Süßigkeiten über den Zaun.

Am Montagabend kommen Tausende zur Massenversammlung – so viele, dass sie parallel in vier Kirchen stattfinden muss. Zugleich treffen Zehntausende Dollar Spenden ein, die aus den Sonntagskollekten im ganzen Land stammen. Martin Luther King weiß um die historische Dimension des lokalen Protests: „Es gibt diejenigen, welche Geschichte schreiben. Es gibt jene, welche Geschichte machen. Es gibt die, welche Geschichte erleben. [...] Ihr macht heute mit Sicherheit Geschichte und ihr erlebt Geschichte. Und ihr ermöglicht es künftigen Historikern, ein großartiges Kapitel zu schreiben. Niemals sind in der Geschichte dieser Nation so viele Menschen für die Sache von Freiheit und Menschenwürde verhaftet worden!" Die gesamte Gemeinde applaudiert.

Martin Luther King predigt

King erinnert die Versammelten auch an den Grundsatz der Feindesliebe: „Ihr müsst diesen weißen Mann lieben. Und Gott weiß, er braucht eure Liebe!" Anschließend predigt er über Liebe und Eros, woraufhin Abernathy sich über seine Zurückhaltung amüsiert und Witze über Sex reißt. Was ist es doch für eine großartige Bewegung, mag sich so mancher denken, in der die Pfarrer Witze über Sex machen!

Durch die Aktionen der Schulkinder haben sich die Kräfteverhältnisse vor Ort massiv verschoben, die Vertreter der rassistischen Ordnung sind in die Defensive geraten. Birminghams Downtown wird zu einer Geisterstadt, denn plötzlich bleiben auch die weißen Kundinnen weg. Der Druck auf die Geschäftsleute verschärft sich jetzt von zwei Seiten: durch die wirtschaftlichen Einbußen, die sie infolge der Boykott-Aktionen erleiden, und durch eine empörte nationale und internationale Öffentlichkeit, die ein sofortiges Ende von Polizeigewalt und Rassentrennung fordert. Letzteres führt dazu, dass der Präsident über Burke Marshall den Druck auf die Verhandelnden weiter erhöht.

Doch dies erweist sich als schwieriges Unterfangen, gerade hinsichtlich der Einstellung von Afroamerikanern in ihren Geschäften. Denn die Geschäftsleute Birminghams stellen Marshall die simple Frage: „Warum sollten wir Neger einstellen? *Sie* stellen doch auch keine Neger ein!" Und in der Tat: Die Bilanz der Bundesregierung ist in dieser Hinsicht, einschließlich ihrer Einrichtungen in Alabama, geradezu jämmerlich. Auch hier hat die Kennedy-Administration zuvor nichts getan, um die Zustände zu verbessern.

Letztlich aber überwiegt bei den örtlichen Geschäftsleuten die Sorge um ihre Gewinne, die durch die Boykott-Aktionen – wie vom *Project C* beabsichtigt – so dramatisch eingebrochen sind. Vor allem deshalb gelangt die Verhandlungsrunde am Mittwochmorgen um vier Uhr schließlich doch noch zu einem Ergebnis, das im Großen und Ganzen den Forderungen der Bewegung entspricht. Die wichtigsten Punkte der Übereinkunft sind: erstens das Ende der Rassentrennung; beginnend mit den Ankleidekabinen, wird sie in den Geschäften und öffentlichen Einrichtungen nacheinander aufgehoben; zweitens die schrittweise Einstellung afroamerikanischer Verkäuferinnen und Verkäufer; und drittens die Einrichtung einer aus Schwarzen und Weißen zusammengesetzten Kommission, die sich mit weiteren Fragen der Rassendiskriminierung in Birmingham, insbesondere mit besseren Arbeitsmöglichkeiten für Schwarze, befassen soll.

King stimmt auf dieser Basis einem eintägigen Protestmoratorium zu – ein Schritt, den Shuttlesworth, der auf Grund seiner Kopfverletzung durch einen Wasserwerfer im Krankenhaus liegt, zunächst nicht mittragen will. Er eilt ins Gaston Motel und beschimpft lauthals seinen Freund. Allmählich gelingt es King jedoch, ihn zur Zustimmung zu bewegen. Er lässt Shuttlesworth anschließend auch den Vortritt bei der Pressekonferenz, auf der das Verhandlungsergebnis vor annähernd zweihundert Journalisten aus dem In- und Ausland präsentiert wird. King selbst nennt es „den großartigsten Sieg für Gerechtigkeit, den wir jemals im Süden gesehen haben". Auf der abendlichen Massenversammlung schreibt er diesen Erfolg der Bewegung zu: „Diese Dinge wären uns nicht zugestanden worden, wenn ihr nicht eure Körper und sogar euer Leben vor den Hunden und Panzern und Wasserwerfern dieser Stadt eingesetzt hättet!"

Am selben Tag steht derweil ein anderer Termin an: King und Abernathy müssen nämlich erneut vor Gericht erscheinen, um sich für ihren Protest vom Karfreitag zu verantworten. Diesmal setzt der Richter die Kaution auf das neu festgelegte Maximum von 2500 Dollar fest, und beide werden wieder in Haft genommen. Als Robert Kennedy hiervon erfährt, sieht er das gerade erst geschlossene Abkommen in Gefahr. Deshalb ruft er, diesmal selbst in der Rolle des Bittstellers, Harry Belafonte an: Könne Belafonte nicht der Bewegung, dem Land und Dr. King helfen, indem er die 5000 Dollar für die Kaution der beiden Inhaftierten aufbrächte?

Das Problem ist jedoch nicht die Kaution, sondern die Tatsache, dass King gar nicht freigelassen werden will, solange noch über zweitausend Gefangene der Bewegung einsitzen. Trotzdem wird King schließlich auch ohne sein Einverständnis aus dem Gefängnis geholt, A.G. Gaston bringt einfach das Geld zum Gefängnis. Wieder zurück in Freiheit, stellt King seinerseits den Verantwortlichen ein Ultimatum für die Freilassung der übrigen Gefangenen. Sollte keine Einigung zustande kommen, würden die Demonstrationen wieder aufgenommen.

Am Donnerstag, dem 9. Mai, läuft das Ultimatum um 11 Uhr ab. Aber alles, was die *Senior Citizens* erreichen konnten, ist die Freilassung der fünfhundert jüngsten Kinder aus dem Gefängnis. Auf Anweisung des Justizministers verlangt Marshall von King, die Demonstrationen endgültig abzubrechen. Doch King besteht auf der Freilassung aller Kinder, die Proteste in der Innenstadt gehen weiter. Um seinerseits den Druck auf Kennedy zu erhöhen, deutet er an, auch Gouverneur Nelson Rockefeller, einen Präsidentschaftsbewerber der Republikaner, um Hilfe bei den Kautionszahlungen bitten zu können. Zudem kritisiert er, zum ersten Mal während der Birmingham-Kampagne, vor der Presse die Bundesregierung.

Trotz der „krassen Verletzungen grundlegender Verfassungsprinzipien“ habe sie „nichts getan“.

Robert Kennedy flucht und wütet über Kings Hartnäckigkeit. Dann aber ruft er beim Autogewerkschaftsboss Walter Reuther an und bittet ihn, über die Gewerkschaften die Kaution für alle Inhaftierten zu organisieren. Es gelingt Reuther tatsächlich, die hohe Summe – Tausende Inhaftierte erfordern Hunderttausende Dollar Kaution – noch am selben Tag zu beschaffen. Damit steht die Übereinkunft.

Vor allem aber gelangen auf diese Weise die Schulkinder in die Freiheit. Natürlich sind die Eltern überglücklich, ihre Kinder wieder in die Arme schließen zu können. Und sie sind stolz, mächtig stolz auf den Mut der Kinder, entschlossen für die gerechte Sache der Bürgerrechtsbewegung einzutreten. „Dr. Kings nachhaltigster Beitrag besteht darin, dass er die Psyche der Schwarzen befreit hat“, wie Wyatt Walker es formuliert. „Wir warfen die Sklavenmentalität ab. Der Gang ins Gefängnis war die Peitsche, die die Schwarzen in der Reihe hielt. Jetzt aber wurde dieser Gang zu einem Ehrenabzeichen.“ Nie wieder würden sich die Afroamerikaner von der Gewalt der Rassisten und ihrer Ordnungshüter so sehr einschüchtern lassen, dass die Angst vor dem Gefängnis den Ruf nach Freiheit knebelte. „Fürchtet euch nicht!“

Einstweilen ist der Widerstand der Anhänger der Rassentrennung allerdings noch nicht gebrochen. Zwar steht die Gruppe um Sid Smyer zu ihren Zusagen; die Radikaleren, allen voran Bull Connor, verweigern aber nach wie vor ihre Zustimmung. Bürgermeister Boutwell erklärt die Vereinbarung für nicht bindend, andere verurteilen sie als „Kapitulation“. Die Lokalpresse verschweigt ihren Lesern glattweg, dass eine Einigung erzielt wurde; die *Birmingham News* titelt lediglich: „Neger beenden Kampagne gegen die Rassentrennung."

Zur Unterstützung Connors lässt Gouverneur Wallace im Kelly Ingram Park Landespolizisten aufmarschieren und Drillübungen abhalten. Offensichtlich verfolgen die Hardliner nun die Strategie der Provokation von Gewalt. Des Nachts versammeln sich am Stadtrand über tausend Klansmänner in ihren weißen Roben und machen Stimmung gegen die Einigung. Kurz darauf explodieren zwei Dynamitbomben am Pfarrhaus von Kings Bruder A.D. und zerstören das Gebäude. Wenig später detoniert eine weitere Bombe im Gaston Motel, dem Hauptquartier der Bewegung. Aus den Bars und Billardhallen strömen die Schwarzen auf die Straßen und verlangen Vergeltung, es kommt zu Ausschreitungen. Da sein Bruder kurzzeitig in Atlanta weilt, übernimmt A.D. King die Aufgabe, die Massen zu beruhigen – ganz so, wie es sein Bruder seinerzeit nach dem Bombenanschlag auf sein Haus getan hatte. Allerdings in einer anderen Form: Auf dem Dach eines Cadillacs stehend, ein Megafon in der Hand, verurteilt er die Gewalt und intoniert „We shall overcome".

Die Ereignisse werden auch in Washington aufmerksam verfolgt, im Justizministerium und im Pentagon werden Dringlichkeitssitzungen einberufen. Aber trotz der Provokation und Gewalt durch die rassistischen Hardliner enthält sich das Weiße Haus weiterhin einer klaren Stellungnahme. Der Präsident erklärt vor der Presse lediglich eine Art Äquidistanz zu Bombenlegern und Bürgerrechtsbewegung: Die Bundesregierung werde nicht zulassen, sagt Kennedy, dass das Abkommen „von einigen wenigen Extremisten auf beiden Seiten sabotiert wird".

Um weiterem Aufruhr vorzubeugen, der den eigenen Triumph doch noch gefährden kann, kehrt Martin Luther King am Tag nach den Ausschreitungen in die von Schwarzen frequentierten Kneipen und Billardhallen Birminghams ein, wo er mit denen reden will, die sich am Vortag an der Gewalt beteiligt haben. Zur Auflockerung spielt er zunächst Pool-Billard, ein Spiel, das er seit dem ausgiebigen Training während seiner Studienzeit leidlich beherrscht. Sobald das Eis gebrochen ist, redet er dann über die Vorzüge und die Notwendigkeit strikter Gewaltfreiheit. Mit Erfolg: In den folgenden Tagen bleibt es ruhig in der Stadt.

Am selben Abend gibt es hohen Besuch auf der Massenversammlung: Der frühere Schwergewichtsweltmeister Floyd Patterson und die Sportlegende Jackie Robinson, 1947 erster schwarzer Spieler in der *Major League Baseball*, sind gekommen. Robinson erzählt eine persönliche Anekdote, welche die nationale Bedeutung des Kampfes in Birmingham verdeutlicht. Als er New York verlassen wollte, berichtet er, hätten seine drei Kinder gesagt, dass sie mit ihm nach Birmingham kommen und dort ins Gefängnis gehen wollten!

Der Bericht aus dem fernen New York belegt: Das Beispiel Birminghams hat das gesamte afrikanische Amerika, vom Kind bis zum Greis, regelrecht elektrisiert. Mit der Erstürmung der Zitadelle der Rassentrennung durch die Schulkinder erreicht die Bürgerrechtsbewegung ihren Höhepunkt. In den kommenden Wochen greift der lokale Protest auf den gesamten Süden, ja aufs ganze Land über. An Hunderten Orten gehen Kings Anhänger in die Offensive und nehmen den gewaltfreien Kampf gegen die Rassentrennung auf. Überall fragen sich die Aktivisten: Wenn es in Birmingham gelang, warum dann nicht auch hier, bei uns? Und wenn die Kinder die

Initiative ergreifen, dürfen wir, die Erwachsenen, dann hinter ihnen zurückstehen?

Der Triumph von Birmingham führt auf diese Weise zu einem politischen Gezeitenwechsel. Mit dem Sieg über Bull Connor kommt ein Stein ins Rollen, der – trotz der anhaltenden rassistischen Gewalt – nicht mehr aufzuhalten sein wird. Die Anhänger der Rassentrennung befinden sich jetzt überall auf dem Rückzug, und der Bürgerrechtsbewegung gelingt der Durchbruch: Am 11. Juni, zwei Wochen vor seiner wohl berühmtesten Rede („Ich bin ein Berliner"), stellt sich Präsident Kennedy in einer Fernsehansprache nach jahrelangem Zögern endlich auf die Seite der Bewegung: „Jetzt ist es für diese Nation an der Zeit, ihr Versprechen zu erfüllen. Die Ereignisse in Birmingham und andernorts haben den Ruf nach Gleichheit so laut werden lassen, dass keine Stadt, kein Bundesstaat und keine gesetzgebende Körperschaft [...] ihn ignorieren kann." Am 28. August 1963 mobilisiert die Bewegung dann über eine viertel Million Menschen zum „March on Washington for Freedom and Jobs". Mit seinem „Traum" von einer Welt ohne Rassismus und Armut („I have a dream") berührt King an diesem Tag die Seele der Weltöffentlichkeit. 1964 verabschiedet der Kongress das Bürgerrechtsgesetz. Im selben Jahr wird King der Friedensnobelpreis zugesprochen, und das amerikanische *Time Magazine* erklärt ihn zum „Mann des Jahres". Ein Jahr später folgt die Verabschiedung des Wahlrechtsgesetzes. Damit ist die hundertjährige gesetzliche Rassentrennung besiegt – nur zwei Jahre nach dem historischen Erfolg von Birmingham.

Birmingham markiert für den SCLC-Vorsitzenden auch persönlich einen Wendepunkt. Als er Anfang April in die Stadt kam, galt King vielen – Journalisten wie Aktivisten – als jemand, der seinen Zenit längst überschritten hatte, als Anführer auf Abruf. Jetzt, nur sechs Wochen später, ist er der unumschränkte Führer der afrikanischen Amerikaner. Der Sieg über Bull Connor ist Kings größter Triumph. Er ist auch ein Sieg über seine Kritiker: über die Kennedys, die sein Handeln als unverantwortlich dargestellt, über die Konservativen, die ihm eine Instrumentalisierung der Kinder vorgeworfen, und über die männlichen Radikalen, die die Mobilisierung der Schulkinder als „unmännlich" verurteilt hatten.

Es sind die unter Kings Führung mobilisierten Kinder, die den Rassengesetzen den Todesstoß versetzen. Von ihrem Angriff wird sich die alte Ordnung nicht mehr erholen. Jetzt, nach Birmingham, ist die Welt von Connor und Wallace, von Ku-Klux-Klan und White Citizens' Council, endgültig dem Untergang geweiht, ihre Dominanz ein für alle Mal gebrochen.

Allerdings bedeutet die Abenddämmerung der Rassengesetze nicht, wie King hoffte, die Morgenstunde einer „beloved community". Selbst Jahrzehnte später wird, gerade mit Blick auf die soziale Situation vieler Afroamerikaner, die Gleichberechtigung der Schwarzen noch nicht verwirklicht sein. Mehr noch: Im Zuge des lang anhaltenden *white backlash* werden die Errungenschaften der Bürgerrechtsbewegung massiv – und durchaus erfolgreich – angegriffen. Zugleich wird die amerikanische Rechte versuchen, King, den sie zu Lebzeiten so massiv bekämpft hatte, für sich zu vereinnahmen. Und Evangelikale, Marktradikale und Rechtslibertäre werden, propagandistisch munitioniert durch den stramm rechten Fernsehsender *Fox News*, ihren Kampf gegen den ersten schwarzen Präsidenten der USA perfiderweise durch ihre Berufung auf das vorgebliche Erbe von Martin Luther King zu rechtfertigen suchen – so etwa auf der von Glenn Beck und Sarah Palin angeführten Anti-Obama-Demonstration am 28. August 2010, dem Jahrestag der großen Kundgebung in Washington.

Dazu müssen sie allerdings dessen politisches Erbe komplett auf den Kopf stellen. Denn Martin Luther King war nicht etwa gegen die bevorzugte Behandlung der Benachteiligten, wie Beck, Palin & Co. glauben machen wollen, sondern entschieden für derartige *affirmative action*; er sprach sich nicht gegen ein garantiertes Mindesteinkommen aus, sondern dafür; er redete nicht Konzerninteressen das Wort, sondern unterstützte gewerkschaftliche Kämpfe wie in Memphis. King wollte keinen untätigen Nachtwächterstaat, der seine sozialen Verpflichtungen abstreifend nur den Reichen nützt, sondern forderte massive sozialstaatliche Programme gegen die Armut, einschließlich eines allgemeinen Krankenversicherungsschutzes. Er war nicht gegen die befreiungstheologische Interpretation des Christentums, sondern selbst ein ganz dem Kampf gegen das Elend im Diesseits zugewandter, radikaler Befreiungstheologe; er wandte sich nicht einmal gegen den Sozialismus, sondern sprach sich selbst für eine demokratisch-sozialistische Gesellschaftsordnung aus. Und schließlich befürwortete King nicht die kriegerische US-Außenpolitik, sondern wurde zum Kronzeugen gegen den Vietnamkrieg. Er war also, politisch gesprochen, geradezu das Gegenteil von christlichem Fundamentalismus, *Tea Party* und Marktgläubigkeit.

Die wichtigste Lehre aus Kings Engagement aber ist: Es waren nicht die Politiker – nicht die Kennedys, nicht die Gouverneure, nicht die Parlamentsabgeordneten –, die sich für die Aufhebung der Rassengesetze einsetzten. Es war nicht die

Einsicht der Weißen im Süden oder im (einst von Sklaven errichteten) Weißen Haus, die das Schicksal der Afroamerikaner entscheidend veränderte. Es waren vielmehr King und die Bürgerrechtsbewegung, die die Verantwortlichen durch ihre Aktionen immer wieder – und gegen deren erklärten Willen – zum Handeln *zwangen*. Erst durch den massiven, gewaltfreien, todesmutigen Kampf der Bürgerrechtsbewegung und ihres Anführers erfüllten die Vereinigten Staaten ihr jahrhundertealtes Versprechen der formalen Gleichheit aller Bürgerinnen und Bürger vor dem Gesetz.

Dass es King, dem angefeindeten, verfolgten und schließlich ermordeten politischen Außenseiter, gelang, gemeinsam mit den Armen und Entrechteten des Landes derart massive Gesetzesänderungen durchzusetzen, ohne dass er selbst über irgendeine institutionelle Entscheidungsmacht verfügt hätte, ist historisch beispiellos. Und deshalb macht der Triumph der sozialen Bewegung ihren selbstlosen Anführer, Dr. Martin Luther King junior, zum vielleicht größten Amerikaner, der je gelebt hat.

Quellen und Anmerkungen

Allgemeine Vorbemerkung

Die Angaben in diesem Buch stützen sich auf Archivdokumente (des Archives Department der Birmingham Public Library sowie des Birmingham Civil Rights Institute), auf die Bücher und Reden Kings sowie auf die einschlägige Sekundärliteratur über die Bürgerrechtsbewegung, insbesondere auf die wichtigsten amerikanischen King-Biografien. Besonders wertvoll waren das nahezu 3000 Seiten umfassende Werk von Taylor Branch in drei Bänden: Parting the Waters. America in the King Years 1954–63 [Band 1], New York 1988; Pillar of Fire. America in the King Years 1963–65 [Band 2], New York 1999; At Canaan's Edge. America in the King Years, 1965–68 [Band 3], New York 2006; sowie David J. Garrow: Bearing the Cross. Martin Luther King, Jr., and the Southern Christian Leadership Conference, New York 1986; Michael Eric Dyson: I May Not Get There With You. The True Martin Luther King, jr., New York 2000; Harvard Sitkoff: King. Pilgrimage to the Mountaintop, New York 2008 (hier findet sich auch ein umfassender bibliografischer Essay auf S. 235–251). Mit Blick auf Birmingham von besonderer Bedeutung war Diane McWhorter: Carry Me Home. Birmingham, Alabama: The Climactic Battle of the Civil Rights Revolution, New York 2001. Wichtige Quellen waren außerdem Kings eigene Bücher: Stride Toward Freedom. A Leader of His People Tells the Montgomery Story, New York 1958; Strength to Love, New York 1963; Why We Can't Wait, New York 1964; Where Do We Go From Here: Chaos or Community? New York 1967; und verschiedene Sammlungen seiner Reden, darunter James M. Washington (Hg.): A Testament of Hope. The Essential Writings and Speeches of Martin Luther King, Jr., San Francisco 1986.
Die King-Zitate werden hier in eigener Übersetzung vorgelegt (beim „Letter from Birmingham Jail" habe ich mich dabei auf die Übersetzung des Gütersloher Verlagshauses Mohn gestützt; bei anderen Reden und Texten habe ich – soweit möglich – bereits existierende Übersetzungen hinzugezogen, wie Martin Luther King: Testament

der Hoffnung. Letzte Reden, Aufsätze und Predigten, Gütersloh 1974). Ein Nachweis wird generell nur für diejenigen Zitate und sachlichen Angaben angefügt, die nicht bekannt sind, weil sie aus Archivdokumenten stammen. Für spezielle Abschnitte und Angaben zur afroamerikanischen Geschichte werden vereinzelt Literaturhinweise angegeben.

Die Anmerkungen sind nicht nummeriert, sondern werden im folgenden Anhang gekennzeichnet. Sie sollen den Leserinnen und Lesern, neben den genannten Belegen, gezielte Zusatzinformationen und ausgewählte Literaturhinweise bieten.

Im Gefängnis

Zellenbeschreibung: Nach den später aufgenommenen Zellenfotos des „Archives Department der Birmingham Public Library"; Informationen des Archiv-Direktors, James L. Baggett.

Kälte, weder Decke noch Matratze: Birmingham Police Department, Protokoll über die Massenversammlung vom 15.4., in: Archives Department der Birmingham Public Library.

Angaben zur Inhaftierung und Anzahl der Mitverhafteten aus: Warden's Docket – Avenue F Prison, City of Birmingham, AL, in: Archives Department der Birmingham Public Library.

„American Apartheid": Der Begriff wird auch in der wissenschaftlichen Diskussion verwendet, vgl. exemplarisch Douglas S. Massey und Nancy A. Danton: American Apartheid. Segregation and the Making of the Underclass, Cambridge/MA 1993; Jonathan Kozol: The Shame of the Nation: The Restoration of Apartheid Schooling in America, New York 2005. Die Situation im amerikanischen Süden ist mit Südafrika während der Apartheid verglichen worden; vgl. George M. Fredrickson: White Supremacy. A Comparative Study in American and South African History, New York und Oxford 1981.

Anruf Kennedys bei Coretta Scott King: In den folgenden Wochen verteilten schwarze Demokraten zwei Millionen Handzettel in den afroamerikanischen Stadtteilen. Ihre Botschaft: Wählt „den Kandidaten mit Herz" und nicht den „‚Kein-Kommentar'-Nixon". Das Ergebnis: Kennedy gewann mehr als zwei Drittel der schwarzen Stimmen, was wesentlich, ja vielleicht sogar entscheidend zu seinem äußerst knappen Wahlsieg beitrug.

Dialog mit Gott

Allgemein stütze ich mich zur schwarzen Kirche und Religion primär auf Dyson, a.a.O.; die Arbeiten von James H. Cone: Martin and Malcolm and America: A Dream or a Nightmare? New York 1991; ders.: For My People. Black Theology and the Black Church, New York 1984; und Cornel West: Prophesy Deliverance! An Afro-American Revolutionary Christianity, Philadelphia 1984.

Zum Drohanruf in Montgomery gibt es verschiedene Versionen; ich folge hier Martin Luther King: Stride Toward Freedom, a.a.O., S. 134.

Zu den Sklavenaufständen und ihren christlichen Anführern vgl. Herbert Aptheker: American Negro Slave Revolts, New York 1943.

„Sein Glaube verlieh King...": Dyson, a.a.O., S. 127.

„Die Bürgerrechtsbewegung...": Cone: Martin & Malcolm & America, a.a.O., S. 143.

Anleihen bei schwarzen und weißen Predigern: Vgl. hierzu ausführlich Dyson, a.a.O., der auf die Praxis baptistischer Prediger verweist und King in dieser Hinsicht gegen den Vorwurf des Plagiarismus verteidigt.

Langston Hughes: The Ways of White Folks, New York 1934; der Titel ist bereits eine Hommage an W.E.B. Du Bois: The Souls of Black Folk, 1903.

„American Creed": Gunnar Myrdal, An American Dilemma. The Negro Problem and Modern Democracy, New York und London 1944.

King hatte erklärt, am Karfreitag demonstrieren zu wollen: Birmingham Police Department: Protokoll über die Versammlung am 10.4.1963, in: Archives Department der Birmingham Public Library.

„Faith act": Auch hier wird King in der Literatur unterschiedlich zitiert. Ich folge seiner eigenen Darstellung in „Why We Can't Wait", a.a.O.

Bombingham

Die zentralen Informationen für dieses Kapitel entstammen überwiegend McWhorter, Carry Me Home, a.a.O., sowie Glenn T. Eskew: But for Birmingham. The Local and National Movements in the Civil Rights Struggle, Chapel Hill und London 1997.

„Nur für Weiße": Das bedeutete nicht nur getrennte Einrichtungen unterschiedlicher Qualität. In den Kaufhäusern der Innenstadt Birminghams beispielsweise gab es nur Toiletten für Weiße; dass schwarze Kunden aufs Klo mussten, war gar nicht erst vorgesehen. Der Ku-Klux-Klan richtete sich primär gegen die Schwarzen, zeichnete sich aber auch durch einen starken antikatholischen Zug und scharfen Antisemitismus aus.

Southern Conference for Human Welfare: Vgl. hierzu ausführlich McWhorter, a.a.O., Teil 1.

„Tradition aller toten Geschlechter": Karl Marx: Der achtzehnte Brumaire des Louis Bonaparte, MEW 8, hier S. 115.

„Weißsein in der schwarzen Vorstellungswelt": In diesem Aufsatz zeigt Bell Hooks, wie Weißsein mit Terror assoziiert wird, vgl. Bell Hooks: Black Looks. Popkultur – Medien – Rassismus, Berlin 1994, Kap. 11.

„Dort, wo es Macht gibt, gibt es Widerstand." Michel Foucault: Der Wille zum Wissen. Sexualität und Wahrheit I, Frankfurt a. M. [5]1991, S. 116.

CIO: Vgl. für einen Überblick Philip S. Foner: Organized Labor and the Black Worker, 1619–1981, New York 1981; Michael K. Honey: Anti-Racism, Black Workers, and Southern Labor Organizing: Historical Notes on a Continuing Struggle, in: „Labor Studies Journal", 1/2000, S. 10–26; ders.: Black Workers Remember. An Oral History of Segregation, Unionism, and the Freedom Struggle, Berkeley 1999.

KPUSA: Die KP hatte im Birmingham der 1930er Jahre eine vergleichsweise starke Basis unter afroamerikanischen Arbeitern; vgl. McWhorter, a.a.O., S. 40ff.; vgl. auch Robin D.G. Kelley: Hammer and Hoe. Alabama Communists During the Great Depression, Chapel Hill 1990. Auch in Harlem war die Partei stark; vgl. Mark Naison: Communists in Harlem During the Depression, New York 1985.

Desegregation der Geschäfte: Hierfür gab es das Vorbild der einschlägigen Kampagnen der 1930er Jahre („Don't Buy Where You Can't Work").

Geheimtreffen in Dorchester: Neben King nahmen teil: Walker, Abernathy und Shuttlesworth sowie Joseph Lowery, Andrew Young, Dorothy Cotton, Clarence Jones, Jack O'Dell, Stanley Levison und James Lawson.

Aufruf zur Mäßigung

„Pass auf...": Zit. nach Birmingham Police Department: Protokoll über die Versammlung am 13.4.

Black Bourgeoisie: E. Franklin Frazier: Black Bourgeoisie. The rise of a new middle class, New York und London 1957. Konservatismus und übertriebene Vorsicht hatten allerdings eine reale Basis: So befürchteten beispielsweise schwarze Lehrer, im Falle von „integrativen" Schulfusionen einfach vor die Tür gesetzt zu werden.
Zu Booker T. Washington vgl. Albert Scharenberg: Rassismus in der US-Arbeiterbewegung. Entwicklungslinien von 1865–1915, Hamburg und Berlin 1993, S. 66ff.
„Birmingham News": Es ist letztlich nicht gesichert, wann und wie King die Samstagausgabe der Zeitung erhielt. Er selbst schreibt in seinem Buch über die Kampagne (Why We Can't Wait, a.a.O.), dass ihm ein „schwarzer Vertrauter" die Ausgabe am Sonntag zugesteckt habe. Dieser Angabe folge ich hier.
Die acht Geistlichen: Zu den Unterzeichnern und ihrem biografischen Hintergrund vgl. ausführlich Jonathan S. Bass: Blessed are the Peacemakers. Martin Luther King jr., Eight White Religious Leaders and the „Letter from Birmingham Jail", Baton Rouge 2001.
„Segregation heute, ...": The 1963 Inaugural Address of Governor George C. Wallace, 14.1.1963, www.archives.alabama.gov/govs_list/inauguralspeech.html.

Wie alles anfing

Zur Brotherhood vgl. Foner, a.a.O.; zu Randolph vgl. Andrew E. Kersten: A. Philip Randolph. A Life in the Vanguard, Lanham/MD 2006; zum Rassismus der AFL vgl. Scharenberg, Rassismus, a.a.O.
„im Süden passierte dergleichen beinahe täglich": Robin D.G. Kelley: „We Are Not What We Seem". Rethinking Black Working-Class Opposition in the Jim Crow South, in: „The Journal of American History", Juni 1993, S. 75–112.
Women's Political Council: Vgl. Jo Ann Robinson: The Montgomery Bus Boycott and the Women Who Started It. The Memoir of Jo Ann Gibson Robinson, Knoxville 1987.

Der Busboykott

„die zentrale Triebfeder der Rassentrennung": Dies bestätigt auch Myrdal, a.a.O.: Auf seiner „Hitliste" der Tabuthemen stand der intime Kontakt zwischen schwarzen Männern und weißen Frauen auf Platz eins.

„mehr oder weniger das natürliche Gegenstück zur MIA": Taylor Branch, Bd. 1, a.a.O., S. 149.
Hannah Arendt: Elemente und Ursprünge totaler Herrschaft, München und Zürich 1986 (Orig.: The Origins of Totalitarianism, 1951).
„noch keineswegs der überzeugte Anhänger eines bedingungslosen Pazifismus": So leugnete King nicht das Recht auf individuelle Selbstverteidigung. Auch erwarb er im Anschluss an den Bombenanschlag in Montgomery eine Handfeuerwaffe und postierte bewaffnete Wachen vor seinem Haus.
Kings Ghostwriter: Levison schrieb unter anderem den größten Teil des Buches über den Busboykott (Stride Toward Freedom), und Rustin war der Ghostwriter von Kings erstem Artikel, der unter dem Titel „Our Struggle" bereits im April 1956 in der Zeitschrift „Liberation" erschien.
„vier Schulmädchen": vgl. allgemein McWhorter, a.a.O. Eines der Mädchen, die elfjährige Carol Denise McNair, war eine Schulfreundin von Condoleezza Rice. Dies zeigt angesichts der von Rice später, unter anderem als Außenministerin in der Regierung Bush, vertretenen Politik, dass die persönliche Erfahrung mit dem Rassismus keineswegs zwangsläufig eine bestimmte politische Haltung der Betroffenen zur Folge hat.

Besuchszeit

Martin und Coretta lernen sich kennen: Vgl. Coretta Scott King: My Life with Martin Luther King, jr., New York u.a. 1969.
„Doktorarbeit (bei der er auch, wie sich erst viel später herausstellen wird, Passagen von anderen Autoren übernahm ...)": Vgl. ausführlich Dyson, a.a.O., insbes. S. 144ff.
„zahlreiche außereheliche Affären": Dieser Umstand wurde einer breiten Öffentlichkeit erstmalig durch Abernathys Autobiografie bekannt; vgl. Ralph Abernathy: And the Walls Came Tumbling Down. An Autobiography, New York 1989; vgl. auch Dyson, a.a.O., insbes. Kap. 8; Marshall Frady: Martin Luther King, jr. A life, New York 2006, S. 62ff.
Zu Jones' wichtiger Rolle in der Bürgerrechtsbewegung vgl. „Vanity Fair", 1.4.2006.

Der Brief

Letter from Birmingham Jail: Wann King mit der Schriftfassung begann, lässt sich nicht mit letzter Bestimmtheit rekonstruieren. Gesichert ist, dass er zwischen Sonntag (als er vermutlich die Zeitung in die Hände bekam) und Dienstag (auf den der Brief formell datiert ist) zu schreiben begann. Der Quellenlage nach erscheint es am wahrscheinlichsten, dass King nach Jones' Besuch in seiner Zelle, am Montagnachmittag, mit dem Schreiben begann. Gründe hierfür sind erstens Kings Äußerungen gegenüber seinem Anwalt, auf die ich in diesem Kapitel kurz eingehe, zweitens die korrespondierende Platzierung des Briefes in seinem Buch über die Birmingham-Kampagne, Why We Can't Wait (1964), und drittens der Umstand, dass King im Gefängnis erst nach Jones' Besuch den Kopf frei hatte für ein solches Schreiben. – Die Fassung des Briefes, die das Herzstück von „Why We Can't Wait" ist, weicht, vor allem in der sprachlichen Edierung, geringfügig von der ursprünglichen Fassung ab. Ich zitiere hier nach der Ursprungsfassung, wie sie in den Tagen im Gefängnis entstand. Ein Vergleich der beiden Versionen ist dokumentiert in Jonathan Bass, a.a.O., Appendix 3, S. 237–256.

„gerade vollzogene Wahl des neuen Bürgermeisters": Der unterlegene Kandidat Bull Connor ging allerdings gerichtlich gegen das Ergebnis vor. Dies bedeutete zugleich, dass er in den kommenden Wochen, bis zur Gerichtsentscheidung, im Amt des Polizeichefs verblieb.

Wartet noch!

Zitat Douglass: Fredrick Douglass in der Rede über West Indian Emancipation, in: The Life and Writings of Frederick Douglas, Bd. 2, New York 1950, S. 437.

„Es gab *kneel-ins* in Kirchen...": Harvard Sitkoff: The Struggle for Black Equality, 1954–1980, New York 1981, S. 81.

Zum SNCC vgl. Clayborne Carson: Zeiten des Kampfes. Das Student Nonviolent Coordinating Committee (SNCC) und das Erwachen des afro-amerikanischen Widerstands in den sechziger Jahren, Nettersheim 2004.

Zu Ella Baker vgl. ebd.; sowie Britta Waldschmidt-Nelson: From Protest to Politics. Frauen in der schwarzen Bürgerrechtsbewegung

und im Kongress der Vereinigten Staaten, Frankfurt a.M. 1998.
„vom Protest zur Politik“: Vgl. Bayard Rustin: From Protest to Politics. The Future of the Civil Rights Movement, in: „Commentary“, 2/1965, S. 25–31.

Vor Gericht

Gespräch zwischen King, Abernathy und Shuttlesworth: Birmingham Police Department: Protokoll über die Massenversammlung vom 15.4., a.a.O.
Gerichtsverhandlung: Docket, Recorder's Court No. 1 of the City of Birmingham, Alabama, in: Archives Department der Birmingham Public Library.

Das Wahlrecht

„Just auf der abendlichen Massenversammlung am Montag“: Vgl. hierzu Birmingham Police Department: Protokoll über die Massenversammlung vom 15.4., a.a.O.
Zu Malcolm X und zum „Black Nationalism“ vgl. Albert Scharenberg: Schwarzer Nationalismus in den USA. Das Malcolm X-Revival, Münster 1998; ders.: Black Nationalism, 19th and 20th Centuries, in: Immanuel Ness (Hg.): The International Encyclopedia of Revolution and Protest. 1500 to the Present, New York 2009, Bd. 1, S. 391–397; Manning Marable: Malcolm X. A Life of Reinvention, New York 2011.
Malcolm X in Selma [Pressekonferenz und Redefragment], in: Malcolm X: The Final Speeches, New York 1992.
James H. Cone: Martin & Malcolm & America, a.a.O.
Barack Obama: vgl. Tom Hayden: The Long Sixties. From 1960 to Barack Obama, Boulder 2009.

Federal Bureau of Investigation

Zu Rowe vgl. Gary May: The Informant. The FBI, the Ku Klux Klan, and the Murder of Viola Liuzzo, New Haven und London 2005.
Zu den FBI-Aktivitäten gegen King vgl. U.S. Senate: Final Report of the Select Committee to Study Government Operations with Respect to Intelligence Activities, Book 3, Dr. Martin Luther King, Jr., Case Study (www.icdc.com/~paulwolf/cointelpro/churchfinalreportIIIb.htm); David J. Garrow: The FBI and Martin Luther King, Jr. From „Solo“ to Memphis, New York und London 1981.

„die zahllosen Affären des Präsidenten“: Vgl. etwa Seymour M. Hersh: The Dark Side of Camelot, Boston 1997.
„Überhaupt schien man im FBI-Hauptquartier geradezu besessen von Kings Affären ...“: Andrew Young hat diese Obsession auf die sexuelle Angst des weißen vor dem schwarzen Mann zurückgeführt; die Politik des FBI habe „dieser neurotischen weißen Südstaatentradition“ durchaus entsprochen.
Zu den zeitgenössischen rechtsradikalen Verschwörungstheorien vgl. Richard Hofstadter: The Paranoid Style in American Politics, in: „Harper's Magazine“, 11/1964, S. 77–86; sowie exemplarisch John Birch Society: It's Very Simple: The True Story of Civil Rights, 1965.
„selbstlos“: King gab nahezu alles, was er verdiente – und dies war nicht wenig, sondern sehr viel Geld (er verdiente allein 200 000 Dollar pro Jahr durch seine Auftritte als Redner) – für „die Sache“. Für sich beanspruchte er wenig – so wenig, dass er darüber immer wieder mit seiner Frau in Streit geriet. Denn wenn er sich zwischen Geld und Gewissen entscheiden musste, optierte King stets für sein Gewissen.
„ein King gewidmeter Feiertag“: Der Martin Luther King Day wurde schließlich 1983 vom Kongress beschlossen. Ausgerechnet Präsident Ronald Reagan, ein erklärter Gegner dieser Initiative, musste dann angesichts der erdrückenden Mehrheit im Kongress (die ein Veto ausschloss) das Gesetz unterzeichnen. Seit 1986 begehen die USA den Feiertag an jedem dritten Montag im Januar (Kings Geburtstag ist der 15.1.).

Der Anruf

Telefonat: Stenografische Mitschrift des Birmingham Police Department, in: Birmingham Public Library.

Vietnam

Friedensnobelpreis: Während King sich „weigert“, Krieg als unvermeidlich anzusehen, verewigte ein anderer Preisträger, US-Präsident Barack Obama, 45 Jahre später ausgerechnet bei der Preisverleihung in Oslo den Krieg: „Krieg wird es immer geben.“
Rede in der Riverside Church: Den Entwurf dieser und anderer radikaler Antikriegsreden schrieb der Aktivist und Wissenschaftler Vincent Harding.

„die Armen mussten weit überproportional auf dem Schlachtfeld ihr Leben lassen": Die USA hatten zu dieser Zeit zwar noch eine Wehrpflichtigenarmee, aber für Wohlhabende gab es viele Möglichkeiten, sich dem Kriegseinsatz zu entziehen, beispielsweise – wie im Falle des späteren Präsidenten George W. Bush – durch einen Einsatz in der heimatlichen Nationalgarde.
Krieg als „weißer Kolonialismus": King hatte bereits früh den engen Zusammenhang zwischen Kolonialismus und Rassentrennung erkannt und dies auch in Gesprächen zum Ausdruck gebracht, etwa 1959, beim SCLC African Freedom Dinner in Atlanta, gegenüber dem kenianischen Unabhängigkeitskämpfer Tom Mboya.
Muhammad Ali: „The Greatest" befand sich zu dieser Zeit auf dem Höhepunkt seiner Boxkarriere. Er wurde zunächst zu fünf Jahren Haft verurteilt. Dieses Urteil hob ein Gericht zwar später wieder auf, aber Ali wurde der Weltmeistertitel im Schwergewicht aberkannt und er erhielt erst drei Jahre später wieder eine Boxlizenz.

Chicago

Bundeskommission: Otto Kerner (chairman): Report of the National Advisory Commission on Civil Disorders, New York 1968.
„Bollwerk der Rassentrennung": Arnold Hirsch: Making the Second Ghetto. Race and housing in Chicago, 1940–1960, Cambridge/MA 1983, S. 213.
Angaben zu Chicago, Daley und „machine politics": Scharenberg: Schwarzer Nationalismus, a.a.O., Teil III.
„eine Kolonialmacht, die eine Dritte-Welt-Nation besetzt hält": Gary Rivlin: Fire on the Prairie. Chicago's Harold Washington and the Politics of Race, New York 1992, S. 30.
Zu CCCO und Chicago Freedom Movement vgl. Alan B. Anderson und George W. Pickering: Confronting the Color Line. The Broken Promise of the Civil Rights Movement in Chicago, Athens und London 1986; James R. Ralph: Northern Protest. Martin Luther King, Jr., Chicago, and the Civil Rights Movement, Cambridge/MA 1993.
„von einem Steinwurf am Kopf getroffen": Wie immer, wenn er tätlich angegriffen wurde, ist „King empört, ja schnaubt vor Wut", sucht aber nach wenigen Minuten das direkte Gespräch mit dem Täter. Vgl. hierzu Hans-Eckehard Bahr: Martin Luther King. Für ein anderes Amerika, Berlin 2004, S. 16ff., 57ff.

Zu den Verhandlungen vgl. die Originaldokumente in David F. Garrow (Hg.): Chicago 1966: Open Housing Marches, Summit Negotiations, and Operation Breadbasket, New York 1989.
„civic credo“: Anderson/Pickering, a.a.O.

White Backlash

Kenneth B. Clark: Dark Ghetto. Dilemmas of Social Power, New York u.a. 1965, S. 32.
„die weißen Privilegien und die weiße Vorherrschaft verschleiert...“: Dyson, a.a.O., S. 49. Die Erkenntnis, dass die meisten Weißen die Rassentrennung gar nicht wirklich aufheben wollten, frustrierte nicht nur King, sondern weite Teile von Bürgerrechts- und Black-Power-Bewegung. Vgl. Jacquelyn Dowd Hall: The Long Civil Rights Movement and the Political Uses of the Past, in: „The Journal of American History“, März 2005, S. 1233–1263; vgl. auch Klaus Dieter Härtel: Martin Luther King. „Ich habe einen Traum“, Gießen [3]2009, S. 118f.
„liberal tradition“: Vgl. Albert Scharenberg: Comeback der liberal tradition? Die USA nach Bush, in: „Blätter für deutsche und internationale Politik“, 3/2008, S. 53–61.
Demokratischer Sozialismus: Kings Äußerungen hierzu sind vielfältig belegt; vgl. exemplarisch Dyson, a.a.O., Kap. 4.

Friede den Hütten

„noch mehr Affären“: Sex wurde, Kings eigenen Worten zufolge, immer mehr auch zu „einer Form der Angstreduktion“.
Armut: Die Verbreitung von Armut beschrieb seinerzeit Michael Harrington: The Other America, New York 1962.
„öffnete den Menschen die Augen“: Michael K. Honey: Going Down Jericho Road: The Memphis Strike, Martin Luther King's Last Campaign, New York 2008; vgl. Thomas F. Jackson: From Civil Rights to Human Rights. Martin Luther King, Jr., and the Struggle for Economic Justice, Philadelphia 2007.

D-Day

„Zum Symbol der Polizeibrutalität wird...“: Dieses AP-Foto ist, wie auch andere Szenen der damaligen Konfrontation, heute durch steinerne Skulpturen im Kelly Ingram Park nachgestellt.

„Kindstaufe der Bürgerrechtsbewegung": Branch, Bd. 1, a.a.O., S. 759. Vgl. hierzu auch die zahlreichen Oral-History-Dokumente, die sich nicht nur im Birmingham Civil Rights Institute (www.bcri.org) befinden, sondern auch in gedruckter Form veröffentlicht worden sind, z.B. in Howell Raines (Hg.): My Soul Is Rested. The Story of the Civil Rights Movement in the Deep South, New York 1977.

„I have a dream": Bei dem „Traum" handelte es sich um ein häufig von King benutztes Bild, so auch am 9. April 1963 auf einer Abendversammlung in Birmingham; vgl. Birmingham Police Department, Protokoll über die Massenversammlung vom 9.4., in: Archives Department der Birmingham Public Library. – Es gab unter Afroamerikanern durchaus Streit über die Demonstration, nicht zuletzt weil John Lewis seine Rede nach Interventionen des Erzbischofs von Washington und des Weißen Hauses ändern musste.

„auf der von Glenn Beck und Sarah Palin angeführten Demonstration…": Zu den bereits seit den 1990er Jahren bestehenden rechten Vereinnahmungsversuchen vgl. Dyson, a.a.O.; Hall, a.a.O. Zu Beck, Palin und dem rassistisch durchsetzten Kampf der Tea-Party-Bewegung gegen Barack Obama vgl. Albert Scharenberg: Ein Jahr Obama. Die USA zwischen Reformpolitik und rechtem Propagandafeldzug, in: „Blätter für deutsche und internationale Politik", 11/2009, S. 47–56, ders.: Kick it like Roosevelt, in: ebd., 8/2010, S. 5–9.

Abkürzungen

ACMHR	Alabama Christian Movement for Human Rights
AFL – CIO	American Federation of Labor – Congress of Industrial Organizations (vereinigt 1955)
CCCO	Coordinating Council of Community Organizations (Chicago)
CORE	Congress of Racial Equality
KKK	Ku-Klux-Klan
MFDP	Mississippi Freedom Democratic Party
MIA	Montgomery Improvement Association
NAACP	National Association for the Advancement of Colored People
NOI	Nation of Islam
SCLC	Southern Christian Leadership Conference
SNCC	Student Nonviolent Coordinating Committee („Snick")

Biografische Zeittafel

1619 Auf dem unter holländischer Flagge segelnden Freibeuterschiff *White Lion* werden die ersten zwanzig afrikanischen Sklaven in die englische Kolonie Virginia verbracht.

1831 Im August größter Sklavenaufstands der US-Geschichte (*Nat Turner Revolt*).

1863 Mitten im Bürgerkrieg (1861–65) tritt zum Jahresbeginn die Emanzipations-Proklamation in Kraft, mit der Präsident Abraham Lincoln die Befreiung der Sklaven verfügt.

1866 Gründung des Ku-Klux-Klan in Pulaski/Tennessee.

1896 Der Oberste Gerichtshof erklärt die gesetzliche Rassentrennung für zulässig *(seperate but equal)*.

1929 Am Vorabend der Weltwirtschaftskrise wird Martin Luther King am 15.1. in Atlanta/Georgia als mittleres von drei Kindern einer Pfarrersfamilie geboren.

1944 King besteht die Aufnahmeprüfung für das Morehouse College in Atlanta und beginnt sein Studium.

1948 Ordination als baptistischer Pfarrer. Abschluss des Studiums am Morehouse College und Beginn des Theologiestudiums in Chester/Pennsylvania. Mahatma Gandhi ermordet.

1951 Abschluss am Crozer Theological Seminary und Beginn der Promotion an der Universität Boston.

1953 Hochzeit mit Coretta Scott.

1954 Im Mai erklärt der Oberste Gerichtshof die gesetzliche Rassentrennung in öffentlichen Schulen für verfassungswidrig. Im Oktober tritt King seine erste Pfarrstelle in Montgomery/Alabama an. Höhepunkt der antikommunistischen McCarthy-Hysterie.

1955 Abschluss der Doktorarbeit. Geburt von Yolanda, des ersten von vier Kindern. Im Dezember beginnt der Busboykott in Montgomery.

1956 Im Januar Bombenanschlag auf Kings Wohnung und erster Gefängnisaufenthalt. Im Dezember Sieg des Busboykotts.

1957 King wird erster Präsident der neu gegründeten *Southern Christian Leadership Conference*. Auf der *Prayer Pilgrimage for*

Freedom in Washington, D.C., fordert er das Wahlrecht für die Schwarzen im Süden.

1958 Bei einer Signierstunde seines ersten Buches in Harlem wird King lebensgefährlich verletzt.

1959 King reist im Februar nach Indien, trifft Premierminister Jawaharlal Nehru.

1960 King wechselt an die väterliche Ebenezer Baptist Church in Atlanta. Im Februar beginnen vier Studenten in Greensboro/North Carolina die Sit-in-Bewegung gegen die Rassentrennung. Gründung des *Student Nonviolent Coordinating Committee* (SNCC). Höhepunkt der Unabhängigkeitsrevolutionen in Afrika.

1961 Beginn der *Freedom Rides* gegen Rassentrennung in Überlandbussen. Ermordung des ersten Präsidenten des unabhängigen Kongo, Patrice Lumumba.

1962 Scheitern der SCLC-Kampagne gegen die Rassentrennung in Albany/Georgia.

1963 Kampagne in Birmingham/Alabama. King schreibt den *Letter from Birmingham Jail.* Beim *March on Washington for Freedom and Jobs* am 28.8. hält King seine berühmteste Rede („I Have A Dream"). Im September tödlicher Bombenanschlag auf die 16th Street Baptist Church in Birmingham. Am 22.11. Ermordung Präsident Kennedys. Beginn der Abhöraktionen und COINTELPRO-Maßnahmen des FBI gegen King.

1964 *Mississippi Freedom Summer,* Wählerregistrierung. SCLC-Kampagne in St. Augustine/Florida. Im Juli Verabschiedung des Bürgerrechtsgesetzes. Im September besucht King auf Einladung Willy Brandts Berlin (West und Ost). Im Dezember Verleihung des Friedensnobelpreises.

1965 Wahlrechtskampagne in Selma/Alabama. Marsch von Selma nach Montgomery. Im Februar Ermordung von Malcolm X. Im August Verabschiedung des Wahlrechtsgesetzes und Ghetto-Unruhen in Watts (Los Angeles).

1966 Kampagne gegen Rassentrennung und für Jobs in Chicago, *Open Housing Marches.* King wird Ko-Vorsitzender der *Clergy and Laymen Concerned about Vietnam.*

1967 Am 4.4. hält King in der Riverside Church in New York seine berühmteste Rede gegen den Vietnamkrieg. Carl Stokes wird in Cleveland/Ohio zum ersten afroamerikanischen Bürgermeister einer US-Großstadt gewählt.

1968 Vorbereitung eines massiven Protests gegen Armut in Washington (*Poor People's Campaign*). Unterstützung des Müllarbeiterstreiks in Memphis/Tennessee. Am 4.4. wird King auf dem Balkon des Lorraine Motels erschossen.

1983 Kings Geburtstag wird nationaler Feiertag. Seit 1986 wird er am dritten Montag des Januars begangen (Kings Geburtstag ist der 15. Januar).

Bildnachweise

S. 9: Birmingham, Ala. Public Library Archives,
Ca. # 1125.11.20A-1
S. 33: Birmingham, Ala. Public Library Archives, Ca. # 827.1.14
S. 36: Birmingham, Ala. Public Library Archives, Ca. # 827.2.30
S. 45: Birmingham, Ala. Public Library Archives, Ca. #827.2.06
S. 53 u. 54: Southern Poverty Law Center
S. 86: Birmingham, Ala. Public Library Archives,
Ca. # 1125.11.20A-2
S. 105: Birmingham, Ala. Public Library Archives, Ca. # 827.1.78
S. 138: Library of Congress Prints and Photographs Division. New York World-Telegram and the Sun Newspaper Photograph Collection
S. 159: Birmingham, Ala. Public Library Archives,
Ca. # 1102.2.51b.61b
S. 173: Birmingham, Ala. Public Library Archives,
Ca. # 1102.2.51b.61a
S. 189: Birmingham Civil Rights Institute
S. 197: Birmingham, Ala. Public Library Archives,
Ca. # 1102.2.51b.60